RESILIENT OSMOTIC METABOLIC ECOLOGICAL

A CURA DI/EDITED BY
CARLO GASPARRINI - ANNA TERRACCIANO

Workshop Internazionale "ROMA 20-25. Nuovi cicli di vita della metropoli"
"ROME 20-25. New life cycles for the metropolis" International Workshop

Università degli Studi di Napoli "Federico II"
University of Naples "Federico II"

Dipartimento di Architettura
Department of Architecture

Dottorato di ricerca in Architettura
Ph.D. in Architecture

Il volume restituisce gli esiti del lavoro svolto dal team di ricerca dell'Università degli studi di Napoli "Federico II" diretto dal prof. Carlo Gasparrini, nell'ambito della Convenzione stipulata con la Fondazione MAXXI [Museo Nazionale delle arti del XXI secolo], all'interno del Workshop Internazionale "Roma 20-25. Nuovi cicli di vita per la metropoli" promosso dalla Fondazione stessa e dall'Assessorato alla Trasformazione urbana del Comune di Roma, a cui hanno partecipato 12 università italiane e 13 università straniere.

Questa pubblicazione si è avvalsa dei fondi del Ministero dell'Istruzione, dell'Università e della Ricerca [MIUR] attraverso il Progetto di Ricerca di Interesse Nazionale PRIN 2013-2016 "Re-cycle Italy. Nuovi cicli di vita per architetture e infrastrutture della città e del paesaggio", responsabile scientifico nazionale prof. Renato Bocchi [IUAV]; e con il parziale contributo del DiARC Dipartimento di Architettura, Università degli studi di Napoli "Federico II".

This book presents the results of the work carried out by the University of Naples "Federico II" research team led by Professor Carlo Gasparrini, under an agreement entered into with the MAXXI foundation [the National Museum of 21st Century Arts], as part of the International Workshop "Rome 20-25. New life cycles for the metropolis". The workshop was supported by the foundation itself and by the Department of Urban Transformation of the Municipality of Rome. 12 Italian and 13 foreign universities took part.

This publication was funded by the Ministry of Education, Universities, and Research [MIUR] through the 2013-2016 National Interest Research Project PRIN "Re-cycle Italy. New Life Cycles for the City and Landscape", national scientific responsible prof. Renato Bocchi [IUAV]; and with the partial contribution of the DiARC Department of Architecture, University of Naples "Federico II".

team

Responsabile scientifico/Head of Research
prof. **C. Gasparrini**

CdL PTUPA | LAB2 PUA

Corso di "Progettazione urbanistica"/
"Urban Planning" course
prof. **C. Gasparrini**

Corso integrativo di "Architettura del Paesaggio"/"Landscape Architecture" integrative course
prof.ssa **I. Cortesi**

Corso integrativo di "Progettazione architettonica"/"Architectural Planning" integrative course
prof. ssa **R. Amirante**

Aspetti di "Geomorfologia e idrogeologia"/
Aspects of "Geomorphology and Hydrogeology"
prof. **R. Lafratta**

Aspetti di "Ecological Urbanism"/
Aspects of "Ecological Urbanism"
prof. **T. Rankin**

Contributi alla didattica/Teaching contributions **A. Terracciano, D. Cannatella, E. De Marco, S. Sposito**

Studenti/Students **E. Angiolilli, M. Basile, L. Boisennin, F. Canzanella, T. Cappuccio, A.G. Castaldo, G. Centore, N. Fierro, D. Gallinaro, S.P. Iacoviello, M. Longobardi, M. Mignola, V. Miraglia, E. Montone, V. Parrotta, C. Pengue, C. Percina, S. Perna, A. Ranieri, P. Ruggiero, S. Sodano, F. Tuccillo, F. Vingelli**

CdL MAPA | LAB3

Corso di "Composizione architettonica e urbana"/"Architectural and Urban Composition" course
prof. **R. Serino**

Corso integrativo di "Estimo"/
"Surveying" integrative course
prof.ssa **M.Cerreta**

Studenti/Students **M. Cecere, I. Mascolo**

CdL PTUPA | Tesi di laurea/
Graduation thesis

Relatore/Supervisor prof. **C. Gasparrini**

Correlatore/Assistant Supervisor
arch. **A. Terracciano**

Laureandi/Graduands **C. Caldarazzo, D. Caruso, S. D'Alterio, G. Di Bonito, S. Murolo**

Dottorato di ricerca in Architettura/
Ph.D. in Architecture

Coordinatore responsabile/
Managing Coordinator
prof. **M. Russo**

Responsabile scientifico del workshop/
Head of Research for the Workshop
prof. **C. Gasparrini**

Tutors **D. Cannatella, E. De Marco, E. Formato, S. Sposito, A. Terracciano**

Dottorandi/Graduate students
A. Acampora; E. Adamo, A. Arena, M. Ascolese, C. Apreda, C. Barbieri, A. Bernieri, M. Castigliano, P. De Rosa, G.Giordano, M. L. Manzi, F. Melis, M. Miano, A. Nigro, F. Nocca, V. Pagnini, G. Poli, G. Prisco, S. Quagliano, M. C. Rapalo, L. Romano, J. Rouhi, M. Russo, P. Vanni

Supporto conoscitivo/Knowledge support

Autorità di Bacino del Tevere/
Tiber Basin Authority
ing. **C. Ferranti** [Dirigente ufficio Piani e Programmi/ Director of the Plans and Programs Office], arch. **G. Fangucci**, arch. **D. Moretti**, ing. **C. Villani Conti**

Associazione Tevereterno Onlus
arch. **V. Sassanelli** [Vicepresidente/Vice President]
arch. **T. Rankin** [direttore fino al 2015/Director until 2015]

Mostra "ROMA 20-25. Nuovi cicli di vita della metropoli", 19.12.2015-17.01.2016, svoltasi a Roma presso il MAXXI./ "ROME 20-25. New life cycles for the metropolis" exhibition, 19.12.2015-17.01.2016, held in Rome at the MAXXI.
Gruppo di progetto per il DiARC/
Project group for DiARC

Coordinamento scientifico/
Scientific coordination
prof. **C. Gasparrini**

Coordinamento operativo/
Operational coordination
arch. **A. Terracciano**

Progetto di Allestimento/Exhibition Design
prof. **R. Serino**, arch. **P. Galante**

Curatela e progetto grafico/
Curatorship and graphic design
arch. **E. De Marco**, arch. **A.Terracciano**

Aspetti multimediali e editing video/
Multimedia aspects and video editing
arch. **D. Cannatella**

Progettazione e realizzazione del modello
3D/3D model design and building **RIELAB Studio**

Supporto tecnico-logistico/
Technical and logistical support
arch. **M. Facchini**

P. De Rosa  P. Vanni  M. C. Rapalo  S. Perna  M. Cerreta  S. D'Alterio

A. Nigro  M. Ascolese  P. Galante  G. Di Bonito  M. Mignola  M. Miano

E. Angiolilli  A. Terracciano  M. Russo  M. Basile  C. Percina  C. Caldarazzo

V. Sassanelli  F. Tuccillo  R. Serino  V. Pagnini  I. Mascolo  R. Lafratta

I. Cortesi  R. Amirante  A. Romano  C. Barbieri  S. Sposito  L. Boissenin

G. Centore

index

R[esilient]O[smotic]M[etabolic] E[cological] 20-25 perspective di/by Carlo Gasparrini	10
People, experiences and ideas: a roadmap di/by Anna Terracciano	17

Interpretative Maps — 33

Selective Visions — 67

Resilient Projects — 81

Urban explorations — 91

Recycle of infrastructures as a multiscalar network of new landscapes — 93
di/by Daniele Caruso, Stefania D'Alterio, Gabriele Di Bonito

A footnote — 100
di/by Michelangelo Russo

Art, space and society along the banks of the Tiber — 103
di/by Valeria Sassanelli

Roma 20-25, new life cycles for the metropolis. A conclusion — 111
di/by Giovanni Caudo

A project for Rome

R[esilient] O[smotic] M[etabolic] E[cological] 20-25 perspective

di/by Carlo Gasparrini

Lo sguardo su Roma proposto in questo libro da un gruppo di progetto dell'Università di Napoli di cui sono stato responsabile[1], è parte di una più complessiva esperienza interpretativa e progettuale svolta nel 2015 da 25 università [12 italiane e 13 straniere] nell'ambito del workshop internazionale "ROMA 20-25. Nuovi cicli di vita per la metropoli" organizzato dal Comune di Roma, in particolare dall'Assessore all'Urbanistica Giovanni Caudo, e dalla Fondazione MAXXI con MAXXI Architettura. "ROMA 20-25", rispetto alla proposta "Roma interrotta" del 1978 a cui fa esplicito riferimento per tornare a immaginare nuovamente la città, lavora sull'intera dimensione urbana rilanciando la multiscalarità del progetto con riferimento all'estensione territoriale della Roma contemporanea.

Per sviluppare l'attività interpretativa e progettuale, al territorio della città di Roma è stata sovrapposta una griglia di 50 km di lato, suddivisa in 25 quadranti di 10 km di lato, ciascuno dei quali è stato affidato ad una delle 25 università. All'Università di Napoli Federico II è stato assegnato il Quadrante 13, a nord-est della città storica, uno dei più densi e interessanti dal punto di vista ambientale, infrastrutturale e insediativo. Comprende infatti pezzi rilevanti del sistema ambientale [l'ampio settore agricolo-naturalistico della Marcigliana a nord del GRA e i fiumi Tevere e Aniene in corrispondenza della loro confluenza], rilevanti infrastrutture [il nodo ferroviario decisivo per la chiusura dell'anello metropolitano, la linea della metropolitana B1 e alcune grandi e sovradimensionate infrastrutture stradali storiche e moderne], un sistema articolato di quartieri e tessuti edilizi del Novecento che raccontano una parte importante della città pubblica di Roma ma anche quella delle lottizzazioni private e ripetitive, oltre ad alcuni impianti e attrezzature speciali ingombranti storicamente collocati fuori dal "centro" ma oggi oramai interni alla città diffusa. Insomma un quadrante che racchiude al suo interno un repertorio significativo dei materiali della città contemporanea e delle criticità che il loro accostamento e la loro "distanza" producono sulla qualità urbana suggerendo strategie di rigenerazione adeguate alla loro scala.

Il lavoro svolto dal gruppo di progetto dell'Università di Napoli ha condensato le proprie elaborazioni attorno a tre campi i cui esiti sono approfonditi in tre successivi capitoli di questo libro: la costruzione di mappe interpretative multidisciplinari, l'individuazione di alcune visioni selettive per orientare lo sguardo e le strategie di progetto alla scala dell'intero quadrante, la produzione di una molteplicità di esplorazioni progettuali capaci di dar senso e concretezza a quelle visioni.

In particolare, gli ambiti strategici

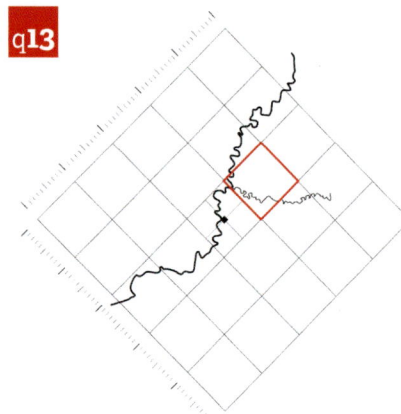

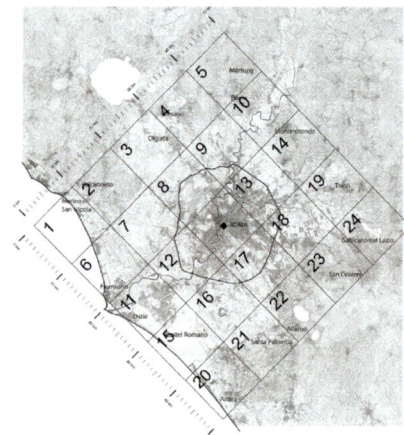

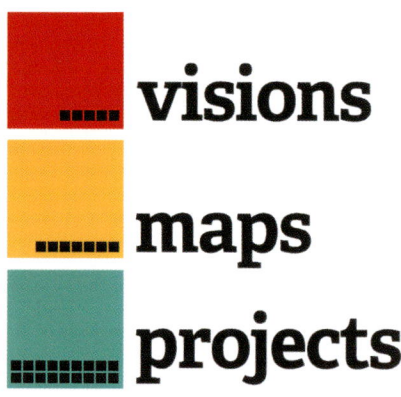

che danno forma alle visioni selettive e i luoghi del progetto che definiscono la concatenazione delle azioni più rilevanti rientrano all'interno del binomio "blu, green and grey infrastructure" e "fast, slow and smart infrastructure" con l'obiettivo di creare un'interazione fertile tra la scala della visione d'insieme e quella degli approfondimenti di dettaglio a stretto contatto con tattiche e pratiche già presenti sul territorio:

- **Waters confluence, breath spaces of the rivers, large porosities and environmental enlargements**

Il sistema delle infrastrutture verdi e blu è costituito da una rete potenziale di componenti ambientali lineari e nodali e da una costellazione di "patch" ecologiche di svariata dimensione, come micro e macro pori verdi diffusi nel tessuto urbano, nell'area di Val Melaina [Parco Petroselli, Parco delle Mimose, Parco delle Sabine, Parco di Largo Labia, Parco della Torricella]. In particolare assume centralità la ricerca di un adeguato "respiro" del Tevere e dell'Aniene dentro una strategia di resilienza del sistema fluviale in rapporto ai tessuti circostanti, capace di estendersi a tutto il corso dei due fiumi a nord e a sud della città storica immaginando un ripensamento delle aree golenali come spazi di esondazione controllata e come componenti fondamentali dei parchi lineari della nuova città pubblica [il ridisegno "duro" del depuratore di Grottarossa come parco-landform, il ridisegno "soft" dell'aeroporto dell'Urbe e dell'ippodromo di Tor di Quinto come parchi urbani con vasche anulari o a pettine di laminazione/fitodepurazione, il sistema lineare e trasversale degli spazi verdi della Riserva Naturale della valle dell'Aniene, del Parco di Aguzzano, del Parco della Cervelletta].

- **Large parks of ruralscapes and wildscapes**

Il sistema a pettine che dal Parco della Marcigliana, dai paesaggi agrari tradizionali e dagli spazi multifunzionali del paesaggio agrario, delinea una sequenza di penetrazioni ambientali tra i tessuti edilizi come parchi lineari di agricoltura urbana e periurbana.

- **Big Rail ring, Interconnections, Osmotic Infrastructures and slow mobility networks**

Il completamento e la razionalizzazione dell'Anello ferroviario tra le stazioni di Vigna Clara, Nuovo Salario e Nomentana e il ripensamento del prolungamento della Metro B1 sono l'occasione per rigenerare gli spazi adiacenti alle stazioni esistenti e di progetto e sviluppare l'interconnessione con una rete su ferro leggera di superficie e una rete "slow" ciclopedonale continua e diffusa. Questa rete può avere la funzione di riconnettere il sistema degli spazi aperti e le microcittà; definire nuove relazioni tra parti separate [si pensi ai progetti di riconnessione lungo il "Viadotto dei Presidenti" tra cui quello coordinato da Renzo Piano]; disegnare spazi adeguati per la mobilità dolce ripensando le grandi strade interquartiere sovradimensionate anche come componenti attive della rigenerazione ambientale; ripensare alcune barriere degli estesi recinti monofunzionali e delle infrastrutture dismesse e non [come lo smistamento/scalo merci delle FS, il Depuratore Roma Nord Grottarossa e quello di via degli Albertini].

- **Environmental metamorphosis of urban spaces and settlements**

Il ridisegno dei pattern morfologici dei tessuti urbani adiacenti a Tevere e Aniene, indotto dalle prospettive resilienti delle dinamiche controllate di escursione fluviale, determina strategie e tattiche di rigenerazione ecologico-ambientale e di adattamento alle condizioni di rischio [riscoperta degli alvei tombati, riciclo delle acque, ripermeabilizzazione dei suoli e innalzamento delle dotazioni di verde, riduzione delle isole di calore e dell'albedo, tetti verdi].

- **Infrastructure-attractors of centrality, spaces and networks of new economic activities, facilities and local centralities**

Il disegno dei luoghi interessati da processi di trasformazione programmati o potenziali lungo alcune grandi infrastrutture stradali [GRA/Bufalotta, v. di Villa Spada, v. Tiburtina, v. Ugo Ojetti/viale Jonio/v. Prati Fiscali, v. Galbani/v. Graf/"viadotto dei Presidenti", v. Casal Boccone/v. S. Basilio] e di quartiere può favorire la diffusione di nuove centralità urbane e locali diffuse nei tessuti delle microcittà a consumo di suolo zero, attraverso il riciclo di edifici dismessi e la metamorfosi di tessuti monofunzionali.

Le visioni selettive hanno consentito di concentrare in una vision d'assieme il senso e gli obiettivi complessivi della rigenerazione urbana del Quadrante 13. In tale vision la "figura" fondamentale è quella di una rete multiscalare di infrastrutture ambientali per dare forma ad una città sempre più resiliente, capace di adattarsi anche alle mutate condizioni climatiche e di costruire una rete di

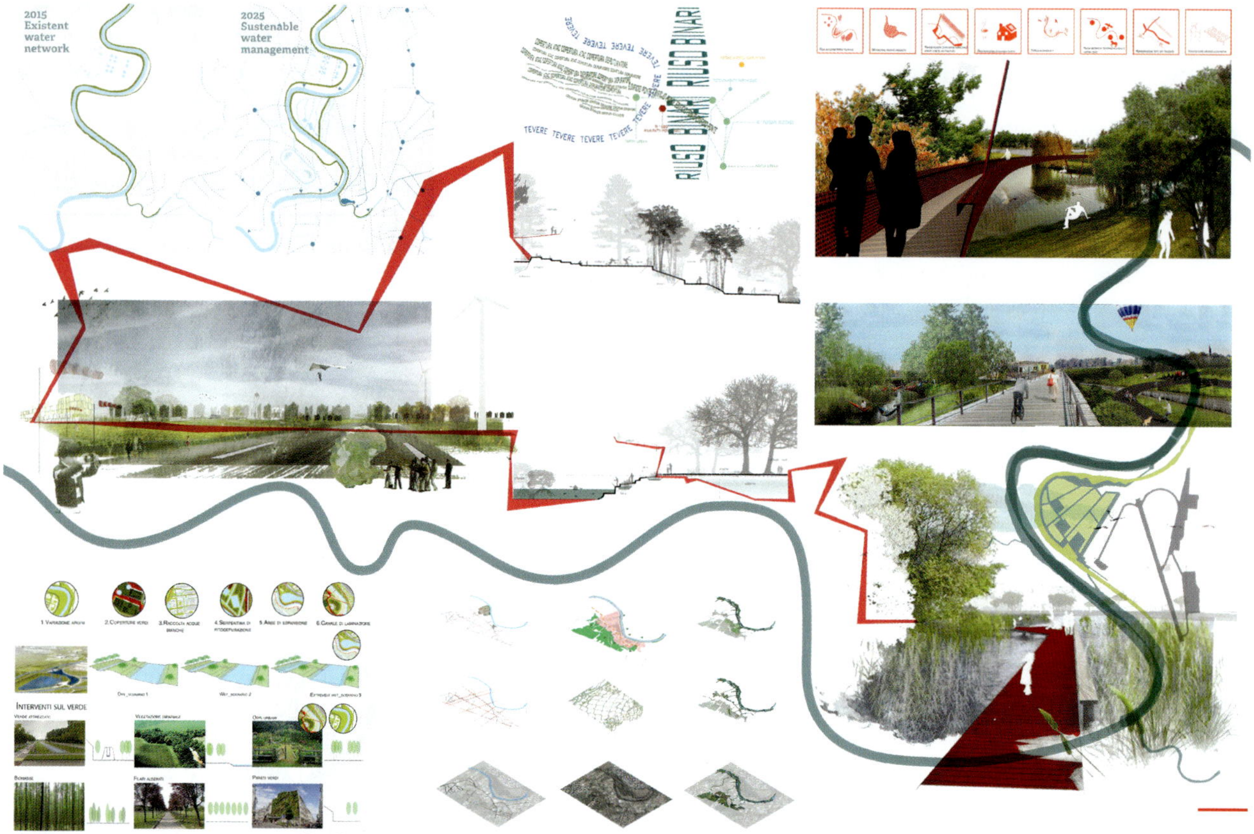

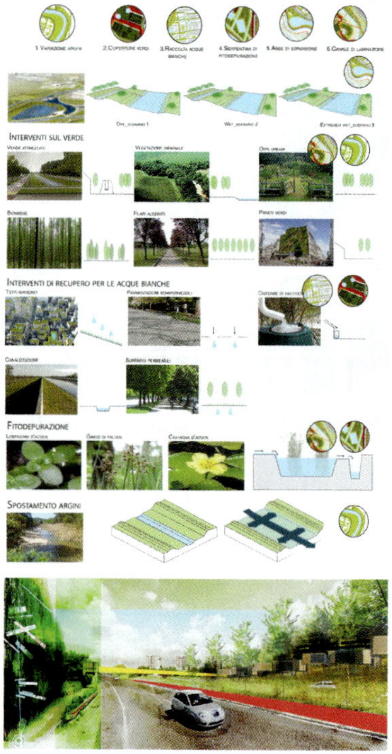

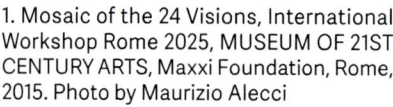

2

1. Mosaic of the 24 Visions, International Workshop Rome 2025, MUSEUM OF 21ST CENTURY ARTS, Maxxi Foundation, Rome, 2015. Photo by Maurizio Alecci

2. Design explorations, Degree Course PTUPA - LAB 2 PUA, academic year 2014/15, led by Prof. Gasparrini, students' work

3. Vision of Quadrant 13, Degree Course PTUPA – Graduation Thesis academic year 2014/15, supervisor Prof. C. Gasparrini, assistant supervisor A. Terracciano, Architect, graduands: C. Caldarazzo, D. Caruso, S. D'Alterio, G. Di Bonito, and S. Murolo

1. Mosaico delle 24 Visions, International Workshop Roma 2025, MUSEO DELLE ARTI DEL XXI SECOLO, Fondazione Maxxi, Roma, 2015. Foto di Maurizio Alecci

2. Esplorazioni progettuali, CdL PTUPA - LAB 2 PUA, a.a. 2014/15, titolare prof. Gasparrini, lavori degli studenti

3. Vision Quadrante 13, CdL PTUPA - Tesi di Laurea a.a. 2014/15, relatore prof. C. Gasparrini, correlatore arch. A. Terracciano, laureandi: C. Caldarazzo, D. Caruso, S. D'Alterio, G. Di Bonito, S. Murolo

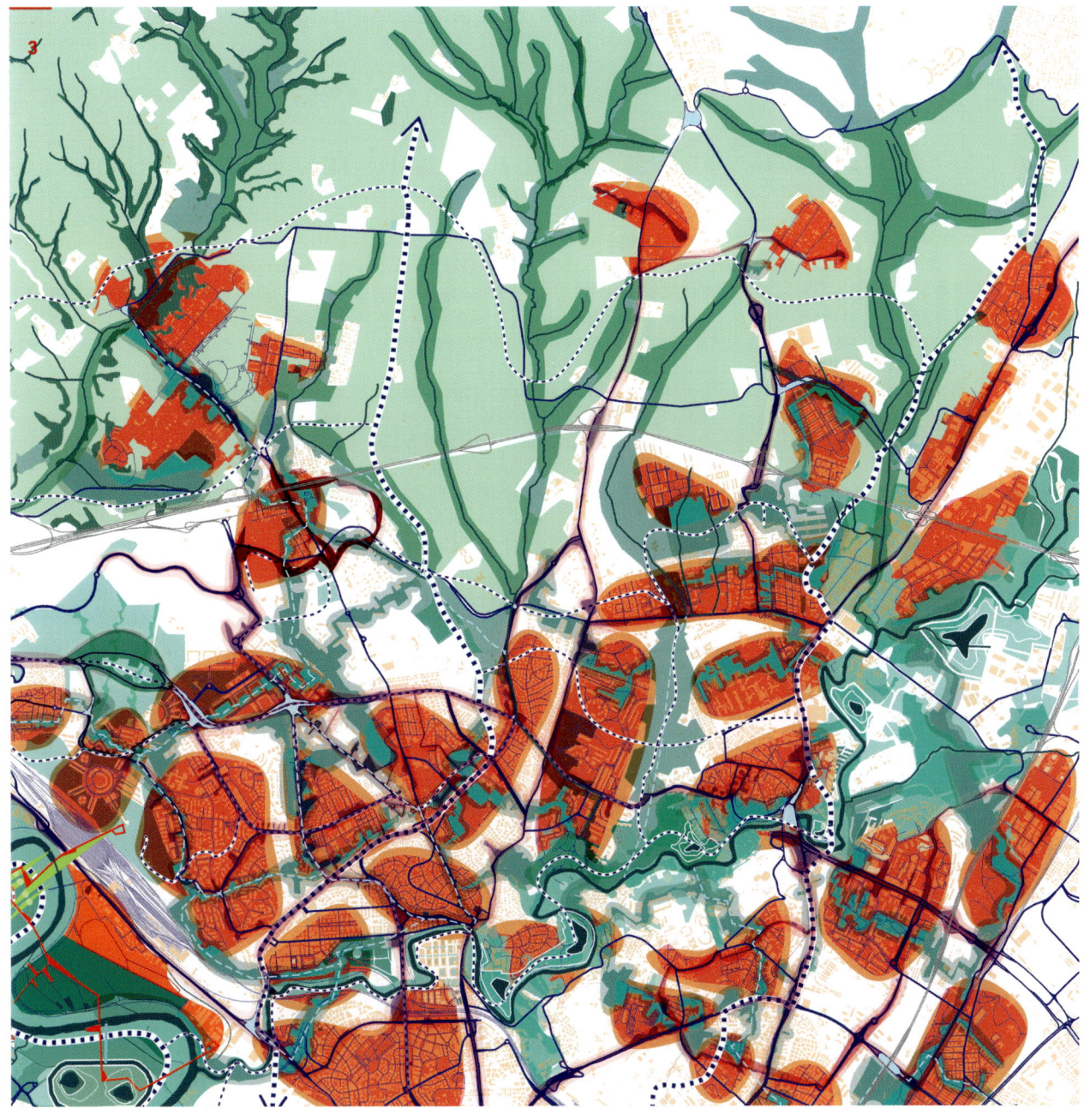

spazi pubblici centrati su alcuni "beni comuni".
È una scelta che trova le sue motivazioni nella specificità dei caratteri fisici e sociali di questo settore della città investito da una tumultuosa crescita concentrata in pochi decenni, ma in cui sono ancora riconoscibili parti importanti di campagna urbana e di risorse naturali. Il Quadrante 13 è infatti chiaramente distinto in due parti, una fortemente caratterizzata dal paesaggio agrario e naturalistico e un'altra densamente urbanizzata, rispettivamente all'esterno e all'interno del GRA. In quest'ultima domina il carattere frammentario e autoreferenziale dei materiali urbani che si sono qui giustapposti nel corso del Novecento, in assenza di un disegno complessivo: dalla città-giardino di Montesacro degli anni '20 all'arcipelago di borgate che prende forma pochi anni dopo, fino ad alcuni quartieri paradigmatici di edilizia economica e popolare degli anni '60-'70 e '80 [da Vigne Nuove a Serpentara, da Val Melaina al Tiburtino], ad una serie di tessuti costruiti attraverso la ripetizione del tipo edilizio della palazzina, legali e spontanei, all'estesa lottizzazione industriale lineare della via Tiburtina e alla recente "centralità" della Bufalotta [da Fidene a San Basilio e Tufello]. Ad essi si aggiungono alcuni ingombranti recinti monofunzionali [due depuratori, il carcere di Rebibbia, l'aeroporto dell'Urbe, l'ippodromo di Tor di Quinto] e si frappongono alcune rilevanti infrastrutture e talvolta "barriere" ferroviarie e stradali, tra cui spicca il "Viadotto dei Presidenti". Questa dinamica incrementale, debole ed episodica, della crescita urbana non ha impedito il consolidarsi di vere e proprie "microcittà", dotate di specifiche identità che, quantunque spesso precarie e mutevoli, sono riconosciute dagli abitanti e reclamano adeguate opportunità di vita sociale e centralità, a cui le infrastrutture blu, verdi e slow possono dare risposta.
Alla scala geostrategica della dimensione metropolitana quindi, le vision e i progetti concentrano la propria attenzione su alcune azioni sistemiche capaci di dare forza alla struttura geografica e paesaggistica esistente come grande telaio della città contemporanea. In questo sostrato spiccano la convergenza fluviale tra Tevere e Aniene, l'esteso parco della Marcigliana e il sistema delle incisioni fluviali minori che attraversano il territorio da nord a sud, scomparendo spesso negli insediamenti più recenti, indifferenti al loro prezioso ma fragile disegno. In particolare quelle azioni puntano sul "respiro" fluviale, conquistando allo spazio pubblico una serie di luoghi a rischio perché "esondabili". In questo senso l'esondabilità può essere una risorsa per il cambiamento del paesaggio urbano e contrastare l'ulteriore indurimento degli argini difensivi.
Ad una scala di maggior dettaglio, viene valorizzata la porosità degli spazi aperti già attrezzati a verde o in attesa di passare dallo status di aree private "cedute" al Comune a quello di spazi collettivi da gestire assieme alle comunità locali. Qui il telaio delle infrastrutture blu e verdi può assumere caratteri incrementali nel tempo e può generare inedite relazioni tra le microcittà, puntando sugli spazi aperti e sui beni comuni che li caratterizzano: il riciclo delle acque bianche e grigie, la salvaguardia dei suoli permeabili attraverso usi compatibili [dall'agricoltura urbana alle piccole attrezzature per il tempo libero di scala locale], l'inserimento di dispositivi energetici da gestire per "cluster" di dimensione discreta.
In questo telaio un ruolo rilevante è svolto da una diversa idea di mobilità che punta ad arrestare il completamento della linea metropolitana B1 all'altezza di Vigne Nuove/Val Melaina e a valorizzare l'intermodalità tra ferro pesante e sistemi leggeri di superficie. A favore cioè di un'estesa e diffusa accessibilità, integrata da una rete capillare ciclopedonale che connetta tutte le microcittà. Quest'accessibilità dolce è anche l'occasione per un'ulteriore qualificazione delle identità locali attraverso il rafforzamento e la costruzione di reti discrete di centralità tra le microcittà – di scala locale e urbana - capaci di andare oltre la tradizionale concezione delle grandi centralità degli ultimi vent'anni.
I progetti provano a dare forma e senso a questi obiettivi e rendere tangibile l'infiltrazione delle infrastrutture blu, verdi e slow dentro i tessuti esistenti lavorando prioritariamente su alcune aree lungo il Tevere e l'Aniene e lungo il "Viadotto dei Presidenti".
I progetti per le aree golenali del Tevere, ad esempio, puntano a superare la monofunzionalità e l'impenetrabilità dell'aeroporto, dell'ippodromo, del depuratore e di alcuni recinti industriali e commerciali. Gli obiettivi sono quelli di costruire dispositivi idraulici di esondazione controllata, laminazione e fitodepurazione delle acque, riappropriarsi di ampi spazi aperti conservando l'impronta delle infrastrutture esistenti, valorizzare la porosità e le relazioni lineari e trasversali con la città, sollecitare una progressiva metamorfosi ecologica, architettonica e funzionale dei

tessuti. Gli stessi obiettivi e la stessa prospettiva di costruire un'inedita convivenza tra fiume e città informano anche altri progetti lungo l'Aniene, a Pietralata, lungo la via Tiburtina e nell'area di Tor Cervara.

Lungo la direttrice infine del "Viadotto dei Presidenti" si addensano alcuni affondi progettuali che ambiscono a realizzare spazi aperti e il riciclo delle acque, lavorando nelle parti di maggiore permeabilità trasversale dell'infrastruttura per riconnettere le microcittà intercettate, anche attraverso usi temporanei, e dar senso così alle direttrici di penetrazione del sistema ecologico e paesaggistico della Marcigliana. In questa prospettiva, contribuiscono anch'essi al rafforzamento delle infrastrutture blu, verdi e slow come telaio significante, fruibile e osmotico di spazi pubblici della città.

---

1. Il gruppo era costituito dagli studenti del Laboratorio di Progettazione Urbanistica del prof. Gasparrini nell'ambito del corso di laurea magistrale di Pianificazione Territoriale, Urbanistica, Paesaggistica e Ambientale [PTUPA], dagli allievi del Workshop Dottorato di Ricerca in Architettura del Dipartimento di Architettura [DiARC] e da alcuni tesisti, con il supporto conoscitivo dell'Autorità di Bacino del Tevere e dell'Associazione Tevereterno Onlus.

The view of Rome proposed in this book by a project group of the University of Naples, which I oversaw[i], was part of a more overarching interpretative and planning experience carried out in 2015 by 25 universities [12 in Italy and 13 from other parts of the world]. The international workshop "ROME 20-25. New life cycles for the metropolis" was organized by the Municipality of Rome, specifically by Giovanni Caudo, the Council Member for Urban Planning, and by the MAXXI Foundation with MAXXI Architettura. "ROME 20-25" explicitly refers to the 1978 proposal "Rome Interrupted", once again imagining the city, working on the whole urban dimension, and relaunching the multiscale nature of the project with reference to the territorial expanse of contemporary Rome.

To develop the interpretive and planning activity, a grid measuring 50 km per side was superimposed on the city territory of Rome, divided into 25 quadrants of 10 km per side, and each quadrant was entrusted to one of the 25 universities. The University of Naples Federico II was allocated Quadrant 13, to the north-east of the historic centre, one of the densest and most interesting from an environmental, infrastructure, and settlement point of view. It includes significant pieces of the environmental system [the extensive Marcigliana agricultural-naturalistic area to the north of the GRA Ring Road and the point of confluence of the Tiber and Aniene rivers], significant infrastructure [the crucial railway hub closing the metropolitan ring, the B1 metro line, and some large and oversized historic and modern roads], an articulate system of neighbourhoods and buildings from the 1900s, which largely tell the story of the public city of Rome and of private and repetitive parcelling, as well as several bulky special plants and urban facilities historically located outside of the "center" but now lying amongst the urban sprawl. In short, a quadrant enclosing a significant repertoire of the urban elements of the contemporary city materials and the critical effects that their juxtaposition and "distance" produce on the urban quality, suggesting regeneration strategies suitable to their scale.

The development work carried out by the University of Naples project group is condensed around three fields, whose results are examined in three subsequent chapters of this book: the building of multidisciplinary interpretive maps, the identification of selective visions to orient the view and planning strategies at the scale of the whole quadrant, and the creation of a variety of design explorations to give those visions meaning and concreteness.

Specifically, the strategic areas that shape the selective visions and the project sites that define the connection between the most relevant actions fall within the binomial "blue, green and grey infrastructure" and "fast, slow and smart infrastructure". The goal is to create a fertile interaction between the scale of the overall vision and the details in close contact with tactics and practices already present in the territory:

■ **Water confluence, river breathing spaces, large porosity areas and environmental enlargements**
The green and blue infrastructure system consists of a potential network of linear and nodal environmental components and a constellation of ecological patches of varying sizes, like micro and macro green pores spread throughout the urban fabric in the Val Melaina area [Parco

Petroselli, Parco delle Mimose, Parco delle Sabine, Parco di Largo Labia, and Parco della Torricella]. Particular focus is placed on the search for a suitable breathing spaces on the Tiber and the Aniene, within a river system resilience strategy relating to the surrounding fabrics. This could extend to the whole course of the two rivers to the north and south of the historic city, with the floodplain areas reconsidered as spaces of controlled flooding and fundamental components of linear parks in the new public city [the "hard" redesign of the Grottarossa purification plant as a landform park, the soft redesign of the Urbe airport and of the Tor di Quinto race-course as city parks with ring-shaped or comb-shaped constructed wetlands, the linear and transversal system of green spaces in the Aniene Valley Nature Reserve, the Parco di Aguzzano, and the Parco della Cervelletta].

▪ Large rural-scape and wildescape parks

The Marcigliana Reserve, the traditional agrarian landscapes, and the multi-purpose spaces of the agrarian landscape are a comb-shaped system that outlines a sequence of environmental infiltrations between the buildings as linear parks of urban and suburban agriculture.

▪ Big Rail Ring, Interconnections, Osmotic Infrastructures and Slow Mobility Networks

The completion and rationalization of the railway ring between the stations of Vigna Clara, Nuovo Salario and Nomentana and the further qualification of the extension of the B1 Metro line provide opportunities to regenerate the spaces neighbouring the existing stations and to design and develop the interconnection with a surface light rail network and a "slow" continuous and widespread cycling and pedestrian network. The function of this network could be to reconnect the system of open spaces and micro cities; to define new relations between separate parts [consider reconnection projects along the "Viaduct of the Presidents", including the project coordinated by Renzo Piano]; to design suitable spaces for sustainable mobility, reconsidering the large oversized inter-district roads as active components in environmental regeneration; and to rethink some of the barriers of the extended single-purpose enclosures and abandoned and current infrastructure [such as the FS shunting/railway yard, and the purification plants of Roma Nord Grottarossa and Via degli Albertini].

▪ Environmental metamorphosis of urban spaces and settlements

The redesign of the morphological patterns of the urban fabric bordering the Tiber and Aniene, driven by the resilient prospects of controlled river flow dynamics, defines strategies and tactics for ecological-environmental regeneration and adaptation to risk conditions [rediscovery of collapsed river beds, water recycling, ground permeabilization and growth of greenery, reduction of urban heat islands and albedo, and green roofing].

▪ Infrastructure-attractors of centrality, spaces and networks for new economic activities, facilities and local urban centralities

The design of the places affected by processes of planned or potential transformation along large road infrastructure [GRA/Bufalotta, v. di Villa Spada, v. Tiburtina, v. Ugo Ojetti/viale Jonio/v. Prati Fiscali, v. Galbani/v. Graf/"Viaduct of the Presidents", v. Casal Boccone/v. S. Basilio] and district infrastructure can favour the spread of new urban and local centres within the urban fabric of the micro centralities with no land consumption, through the recycling of abandoned buildings and the metamorphosis of single-purpose urban fabric.

The selective visions allowed the meaning and overall objectives of the urban regeneration of Quadrant 13 to be condensed into an overall vision. In this vision, the fundamental "figure" is a multiscale network of environmental infrastructure to shape an increasingly resilient city, which is also capable of adapting to climate change and of building a network of public spaces centred around common goods.

The choice was motivated by the physical and social peculiarities of this section of the city, which has been struck by tumultuous growth in just a few decades and in which significant portions of urban countryside and natural resources can still be found. In fact, Quadrant 13 has two clearly distinct parts; one strongly characterised by the natural agrarian landscape and another densely urbanised, respectively located outside of and inside the GRA Ring Road. The latter is dominated by the fragmentary and self-referential nature of the urban materials juxtaposed here throughout the 1900s without any overall design: from the Montesacro city-garden in the 1920s to the archipelago of villages that took shape just a few years later; from several exemplary neighbourhoods featuring low-cost, working-class buildings from the 1960s-70s and 80s [from Vigne Nuove to Serpentara, and from Val Melaina to Tiburtino], or the fabric built by repeating the legal and spontaneous apartment block building model, to the extensive linear industrial parcelling of Via Tiburtina and the recent Bufalotta centrality [from Fidene to San Basilio and Tufello]. Several bulky single-purpose enclosures are added to these [two purification plants, the Rebibbia prison, the Urbe airport, and the Tor di Quinto race-course], interposed by several important infrastructures barriers like railways and roads, among which the "Viaduct of the Presidents" stands out.

This incremental, weak and sporadic urban growth has not impeded the consolidation of veritable "micro cities" with specific identities. Although often precarious and unstable, they are recognized by the inhabitants and demand suitable opportunities for social life and centrality, to which blue, green and slow infrastructure can respond.

At the geostrategic scale of the metropolitan dimension, the visions and projects focus on several systemic actions to strengthen the existing geographical and landscape structure as a large framework of the contemporary city. Standing out in this substratum are the river convergence of the Tiber and Aniene, the extensive Marcigliana reserve, and the system of minor rivers that cross the territory from north to south, often disappearing in the more recent settlements, indifferent to their precious but fragile design. Specifically, these actions focus on the river breathing space and on using as a public space places that are at risk of being flooded. In this sense, flooding could be a resource used to change the urban landscape and to counteract further hardening of the defensive embankment.

In so doing at a more detailed scale, the porosity of the outdoor green spaces that are either already in existence or that are in the process of being tranferred from private to public status to be managed as collective spaces with the local communities, are promoted. Here, the blue and green infrastructure framework may have an incremental nature over time and may generate unprecedented relationships between the micro cities, focusing on open spaces and the common assets characterising them: the recycling of white and grey water, the protection of permeable soil through compatible use [from urban agriculture to small leisure facilities at a local scale], and the addition of energy devices to be managed by small sized clusters.

In this framework, an important role is played by a different idea of mobility, which aims to stop the completion of the B1 metro line at Vigne Nuove/Val Melaina and instead promote intermodal transport between the railway and light surface systems. This would favour extensive and widespread accessibility, combined with a widespread pedestrian and cycling network connecting all the micro cities. Sustainable accessibility is also an opportunity to further develop local identities by strengthening and building discrete centrality networks between micro cities — at a local and urban scale — to move beyond the traditional large-centrality concept of the last twenty years.

The projects attempt to give these goals shape and meaning and to make the infiltration of blue, green and slow infrastructure within the existing fabric tangible, working primarily in several areas along the Tiber and the Aniene, and along the "Viaduct of the Presidents".

The Tiber floodplains projects, for example, aim to overcome the single-purpose nature and impenetrability of the airport, the race-course, the purification plant and several industrial and commercial enclosures. The goals are to build controlled flooding hydraulic devices and constructed wetlands, to take back large open spaces, conserving the imprint of the existing infrastructure, to promote porosity and linear and transversal relationships with the city, and to push for a progressive ecological, architectural and functional metamorphosis of the fabric. These same goals and the same prospect of building an unprecedented coexistence between the river and city can also inspire other projects along the Aniene, at Pietralata, along Via Tiburtina, and in the Tor Cervara area. Finally, several projects are concentrated along the route of the "Viaduct of the Presidents", which aim to create open spaces and water recycling, working in the areas of greatest cross-permeability of the infrastructure to reconnect the intercepted micro cities, even through temporary use, and to thus make sense of the routes penetrating the Marcigliana ecological landscape system. From this perspective, they too help to strengthen blue, green and slow infrastructure as a significant, usable and osmotic framework of public spaces in the city.

---

1. The group consisted of the students of the Urban Planning Laboratory led by Professor Gasparrini as part of the Master's degree in Territorial, Urban, Landscape and Environmental Planning (PTUPA), students of the University Degree Workshop in Architectural Research of the Department of Architecture (DiARC) and some thesis students, with the knowledge and support of the Tiber River Basin Authority and the nonprofit association Tevereterno.

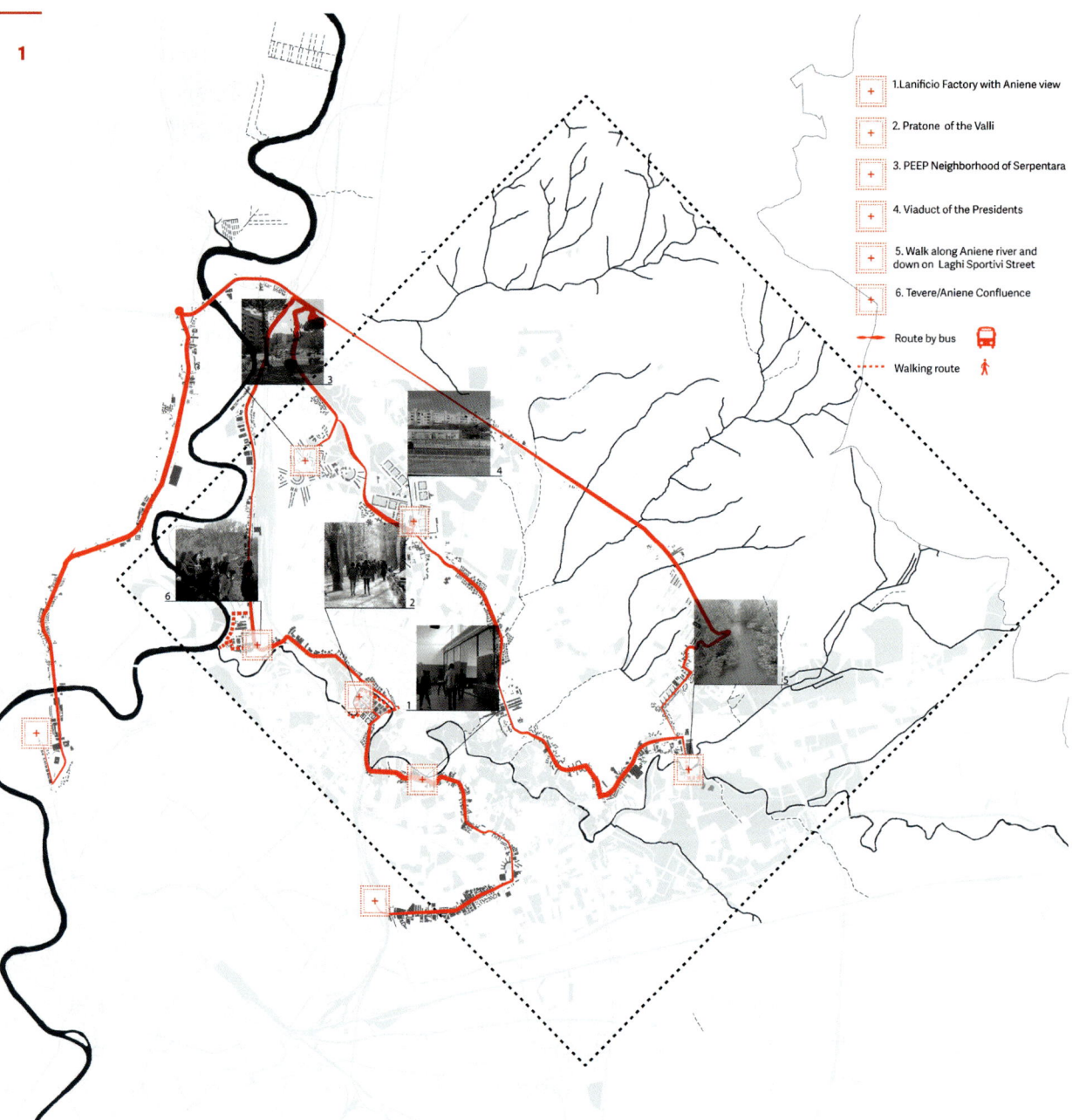

People, experiences and ideas: a roadmap

di/by Anna Terracciano

Italo Calvino nel suo "Il Viandante nella mappa"[1] - recensione a una mostra parigina – faceva notare che l'origine delle "mappe" è da rintracciare in quel «bisogno di fissare sulla carta i luoghi [che] è legato al viaggio», ed è per questo motivo che, in principio, il disegno delle mappe, più che nella superficie, trova la sua forma coerente in «un'immagine lineare». Le "mappe come viaggio" [itineraria picta][2] furono così utilizzate dai popoli antichi come strumento conoscitivo e di appropriazione dei luoghi, mentre "mappare" divenne atto creativo di attribuire i nomi alle cose e ai luoghi, costruendone al contempo l'identità geografica e il ruolo nei sistemi di relazioni.

Da pratica del potere per possedere lo spazio fisico che rappresenta[3], la mappa diviene poi, in epoca medioevale, dispositivo di deformazione dello spazio allo scopo di fissarne un'immagine ideale, assoluta e universale [imago mundi]: una "mappa come racconto" capace di condensare, attraverso "figure" allusive e tendenziose, la storia e il significato dei luoghi.

Nell'esperienza del workshop di "Roma 20-25. Nuovi cicli di vita per la metropoli", il tema del "viaggio" e quello del "racconto" si intrecciano reciprocamente, attraversandone i luoghi, le persone e le molteplici attività messe in campo al fine di costruire una narrazione critica degli spazi in cui la dimensione conoscitiva [interpretative maps], prefigurativa [selective vision] e progettuale [resilient project] hanno prodotto una molteplicità di immagini relative ad altrettante storie, esistenti o possibili, latenti o auspicabili.

Ed è così che studenti, laureandi, dottorandi, professori, tecnici, associazioni[4], ect... si mescolano tra i tessuti della città storica e consolidata, tra i quartieri dormitorio e i recinti specializzati della città contemporanea, tra le cesure infrastrutturali e la continuità dei fiumi Tevere e Aniene, tra le aree degradate e marginali così come tra le riserve di naturalità ancora integre del parco agricolo della Marcigliana. Ne incontrano le comunità assieme a quella molteplicità di localismi cui fanno da sfondo nuove identità, stili di vita ed economie[5], ma anche gli enti competenti sul territorio così come gli operatori sociali, traducendo questo bagaglio di esperienze in una vasta gamma di mappe di cui divengono autori e attori al tempo stesso.

Provando a incrociare tali rappresentazioni entrano in tensione le descrizioni di materiali, attori, processi, ruoli, relazioni. Quello che ne emerge è che questa parte di città cambia, prevalentemente per parti e nell'assenza di una visione sistemica, creando al suo interno nuovi spazi che nascono non dai grandi progetti urbani, ma dalle pieghe della vita quotidiana.

La complessità delle condizioni contemporanee e la conseguente coesistenza di situazioni tra loro molto differenti e talora confliggenti, impone infatti un necessario cambiamento nei modi di guardare e nei modi attraverso i quali vengono acquisite le conoscenze. La fase iniziale del Workshop si è dunque occupata prevalentemente di indagare i rapporti tra la morfologia degli spazi e i processi urbani al fine di costruire uno sfondo problematico nel quale far emergere informazioni non scontate, attraverso l'intersezione di modalità di indagine differenti e che hanno prodotto "mappe" come «percorsi che inducono geografie diverse dal passato»[6], perché capaci di raccontare il senso di un cambiamento più vasto che va oltre le condizioni spaziali o comunque non immediatamente percepibili. L'osservazione dei luoghi, il sopralluogo con le interviste, l'acquisizione dei dati attraverso le piattaforme informatiche e gli strumenti digitali[7], hanno così aiutato a fornire risposte articolate agli obiettivi di ricerca proposti.

Quello che si è cercato di rappresentare è stato un processo multiscalare [dalla dimensione metropolitana di Roma a quella del quadrante 13 assegnato alla nostra Unità di ricerca] di attraversamento dello spazio della città, oltre che del suo contesto economico e sociale, con l'obiettivo, sia nel Workshop di Dottorato, che nel Laboratorio PTUPA così come nelle tesi di laurea, di costruire un'esperienza interpretativa e progettuale come forma di relazione tra il territorio e chi lo modifica, inserita dentro il processo di definizione dei prodotti che l'Università di Napoli ha poi restituito alla mostra svoltasi al MA-

XXI tra dicembre 2015 e gennaio 2016. La nostra, come ogni altra Università, ha prodotto una vision d'insieme del tassello quadrato avente lato 10km, producendo così in scala 1:10.000, una carta di 1m x 1m che, nella somma dei tasselli lungo la griglia dei 25 quadranti, definisce la nostra cifra imaginifica e costituisce il nostro contributo al dibattito sul futuro della città.

Il tema diviene allora quello di costruire, anche per il progetto di allestimento, una dimensione narrativa coerente al contenuto e alla forma dei temi affrontati, capace di raccontare le dinamiche evolutive della struttura morfologica e sociale e di centrare al contempo le questioni strategiche rilevanti per il futuro della città, oggi al centro di un fertile dibattito sulla nuova questione urbana. L'idea è quella di leggere in simultanea il rapporto tra la forma dei luoghi e le loro possibilità trasformative attraverso due proiezioni: una che rilegge la forma del suolo, realizzata attraverso un modello in stampa 3D, dentro la dimensione interpretativa e strategica delle mappe e delle vision rispettivamente, e l'altra invece che passa in sequenza gli scenari evolutivi e incrementali delle aree oggetto delle esplorazioni progettuali. Una sequenza dinamica di tattiche, pratiche e azioni che costruisce nel tempo nuove possibilità spaziali e relazionali.

1. Calvino I., [1994], "Collezione di sabbia", Mondadori, Milano.
2. Cfr. la cosiddetta Tabula Peutingeriana, lunga in origine forse sette metri e alta soltanto 34 centimetri, che mostrava, pur tra incredibili deformazioni e forzature, 100.000 km di strade e 3.000 indicazioni di luoghi.
3. Harley J. B. [1989], "Maps, knowledge, and power", in D. Cosgrove & S. Daniels [Eds.], "The iconography of landscape: Essays on the symbolic representation, design and use of past environments", Cambridge University Press, Cambridge, UK.
4. I soggetti progettuali che hanno aderito al Workshop Roma 20-25 sono: il Laboratorio2 "Piano urbanistico attuativo" del corso di laurea specialistica PTUPA - Università di Napoli "Federico II", il RecycleNapoliLab del DiARC costituito da un nucleo di dottori di ricerca, dottorandi e assegnisti impegnati dal 2013 nella ricerca PRIN "Re-Cycle. Nuovi cicli di vita per architetture e infrastrutture della città e del paesaggio", il Dottorato di Ricerca in Architettura del DiARC, alcuni laureandi del CdLPTUPA, l'Associazione Tevereterno di Roma che affianca l'attività dell'Università di Napoli su specifici temi legati alla riappropriazione degli spazi fluviali come spazi pubblici, il corso di "Ecological Urbanism" del prof. Tom Rankin presso l'Università di Roma La Sapienza, l'Autorità di Bacino del Tevere con cui si è stretta una partnership per la fornitura dei dati legati all'esondabilità dei fiumi Tevere e Aniene.
5. Cfr. gli studi pubblicati in Amendola G. [1995, 2000, 2003]
6. Viganò P. (2013), "L'urbanistica come strumento di ricerca", in L. Fabian L. [a cura di] " New urbanquestion. Ricerche sulla città contemporanea 2009-2014", Roma: Aracne.
7. Non solo la città di riempie di sensori, di dispositivi fissi e mobili in grado di scambiare informazioni ma sempre più la città è pervasa anche da contenuti, generati e condivisi dagli utenti stessi [definizione di "user generated content", OECD, 2007], "geolocalizzati" e non: condivisioni in tempo reale di emozioni, di stati d'animo, di pensieri legati ai luoghi, alla città e ai servizi che identificano neo-geografie digitali [Szott, 2006], "città palinsest" [Graham, 2009] che includono i nuovi modi di creare mappe collettive attraverso strumenti digitali, i nuovi modi di viaggiare, di riportare i viaggi, di costruire itinerari, di descrivere, interpretare e condividere le esperienze urbane personali.

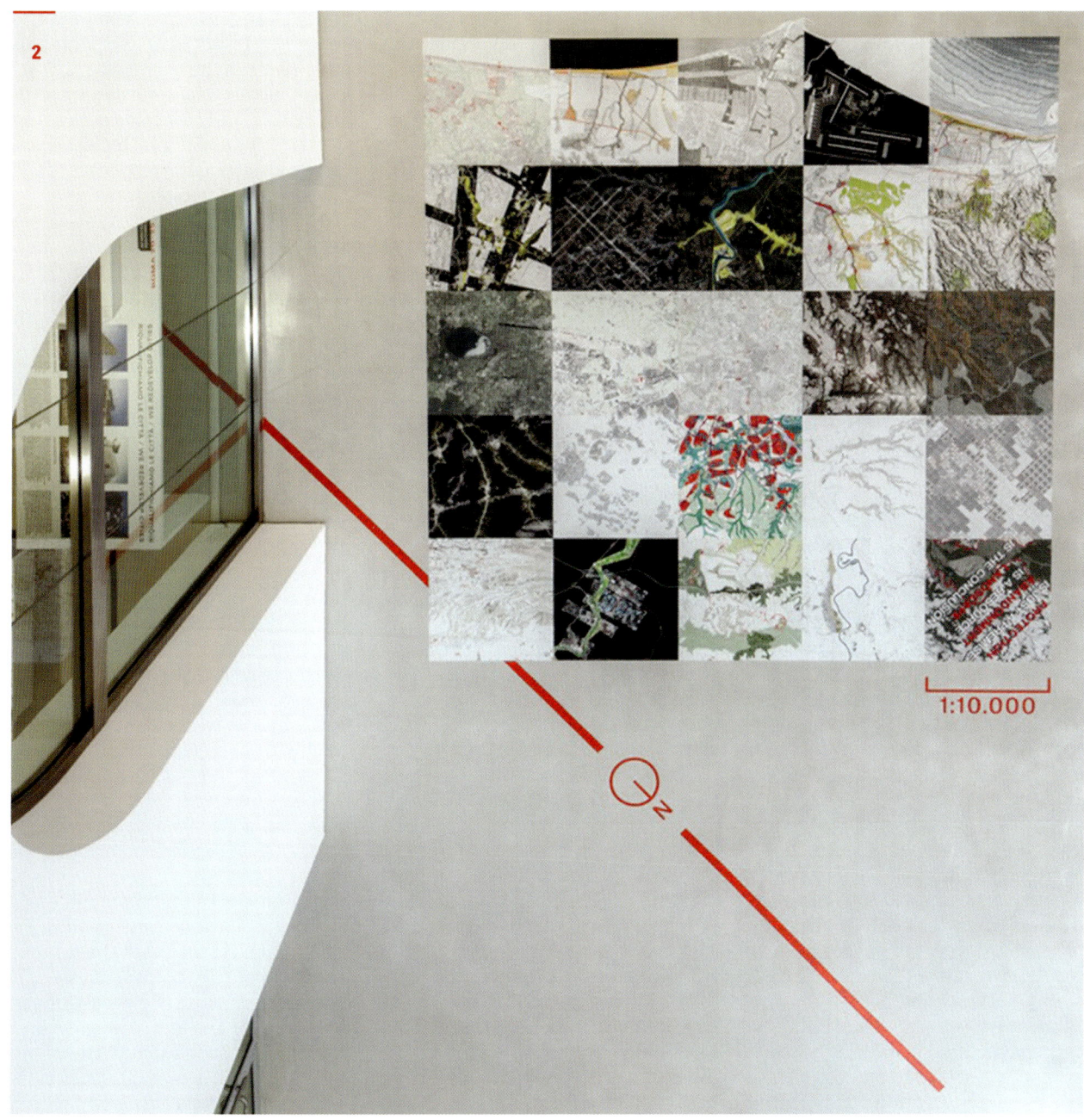

In "The Traveller in the Map"[1] — a review of a Parisian exhibition — Italo Calvino pointed out that the origin of "maps" can be traced back to the "need, linked to travel, to fix places on a map", and for this the drawing of the first maps was represented as a "linear image", rather than a surface. "Journey maps" [itineraria picta][2] were thus used by ancient communities as a tool for the knowledge and appropriation of places, while "map-making" became the creative act of attributing names to things and places, at the same time fashioning their geographical identities and roles in relationship systems.

From a practice to possess the physical space that it represents[3], in mediaeval times, the map became a device to deform space for the purpose of establishing an ideal, absolute and universal image of it [imago mundi]; a "storytelling map" to condense the history and meaning of places by means of allusive and tendentious "illustrations".

In the workshop "Rome 20-25. New life Cycles for the Metropolis", the themes of "journey" and "storytelling" were mutually intertwined, crossing places, people and the many activities aimed at building a critical narrative of the spaces in which the cognitive [interpretative maps], prefigurative [selective vision], and planning [resilient project] dimensions produced a variety of images relating to stories real or potential, dormant or desidered stories.

Students, near-graduates, PhD students, professors, technicians, associations[4], etc... mingled among the fabric of the historic and consolidated city, the suburbs and the specialized enclosures of the contemporary city, the splitting infrastructure and the continuity of the Tiber and Aniene rivers, the degraded and marginal areas, and the unspoilt nature reserves of the Marcigliana agricultural park. They encountered the communities — together with a multiplicity of localisms against a background of new identities, lifestyles and economies[5] —, the authorities in charge of the territory, and social workers, and converted their experiences into a wide range of maps, of which they became the authors and actors at the same time.

When trying to intersect those representations, the descriptions of materials, players, processes, roles, and relations create tension. What emerges is that this part of the city is changing, mostly in parts and in the absence of a systemic vision, creating new spaces within it. These do not arise from large urban projects, but from the folds of everyday life.

In fact, the complexity of contemporary conditions and the resulting coexistence of very different and sometimes conflicting situations forces us to change our way of looking and of acquiring knowledge. The initial phase of the workshop dealt primarily with investigating relationships between the morphology of the spaces and urban processes. This built a problematic background from which to allow unpredicted information to emerge. Different investigation methods were intersected to produce "maps" as "paths bringing about different geography from that of the past"[6], making sense of a wider change that goes beyond the spatial or, in any case, not immediately perceivable conditions. Observation of the places, surveying with interviews, and collecting data using IT platforms and digital tools[7] helped to provide articulate responses to the proposed research objectives.

What we tried to represent was a multi-scale process [from the metropolitan dimension of Rome to that of quadrant 13 assigned to our Research Unit] of crossing the city space, as well as its economic and social context. The goal, in the PhD workshop, the PTUPA Laboratory and in the graduates' theses, was to build an interpretative and planning experience as a form of relationship between the territory and the person changing it, included within the process of defining products that the University of Naples then brought back to the exhibition that took place at the MAXXI between December 2015 and January 2016.

Our Research Unit, like all the others, produced an overall vision of a quadrant tile with a 10 km side, thus producing a 1m x 1m image on a scale of 1:10,000, which, as one of the pieces in the 25 quadrant grid, defined our highly imaginative style and was our contribution to the debate about the future of the city.

The theme was to construct, even for the exhibition, a storytelling dimension consistent with the content and form of the topics addressed. It needed to narrate the evolutionary dynamics of the morphological and social structure and, at the same time, focus on strategic issues relevant to the future of the city, which is currently at the centre of a rich debate on the new urban issue. The idea was to simultaneously interpret the relationship between the form of the places and their transformative potential using two projections. One reinterprets the ground form using a 3D-printed model, within the interpretative and strategic dimension of maps and visions respectively, and the other shows a sequence of evolutionary and incremental scenarios for the areas subject to the explorative projects. This dynamic sequence of tactics, practices, and actions builds new spatial and relationship possibilities over time.

1. Calvino I., (1994), "Collezione di sabbia" [English title: "Collection of Sand"], Mondadori, Milan
2. Cf. The so-called Peutinger Table, perhaps originally seven metres in length and just 34 centimetres high, which showed, with incredible deformation and straining, 100,000 km of roads and 3,000 places in Europe, Africa and Asia, surrounded by an ocean that appears more like a frame to the drawing rather than an actual surface (Bonavoglia, 2012)
3. Harley J. B. (1989),"Maps, knowledge, and power", in D. Cosgrove & S. Daniels (Eds.), "The iconography of landscape: Essays on the symbolic representation, design and use of past environments", Cambridge, UK: Cambridge University Press.
4. The project participants that took part in the Roma 20-25 workshop were: Laboratory 2 *"Piano urbanistico attuativo"* of the PTUPA Master Degree - University of Naples "Federico II", the DiARC Recycle Napoli Lab consisting of a team of PhDs, graduates and research fellows, who have been involved since 2013 in the National Interest Research Project "Re-Cycle. New Life Cycles for Architecture and Infrastructure in the City and Landscape", the DiARC PhD in Architecture, several undergraduates of the CdL PTUPA, the Tevereterno association in Rome, which supports the work of the University of Naples on specific issues related to the reappropriation of river spaces as public spaces , the "Ecological Urbanism" course led by Prof. Tom Rankin at the Sapienza University of Rome, the Tiber Basin Authority, with whom a partnership has been formed for the supply of data relating to the flooding of the Tiber and Aniene rivers.
5. Cf. The studies published in Amendola G. (1995, 2000, 2003).
6. Viganò P. (2013), "L'urbanistica come strumento di ricerca", in L. Fabian L. (editor) "New urban question. Ricerche sulla città contemporanea 2009-2014", Rome: Aracne.
7. The city doesn't only fill up with sensors, fixed and mobile devices that can exchange information, but is also increasingly permeated with sometimes "geolocalized" content generated and shared by the users themselves (definition of "user generated content", OECD, 2007): real-time sharing of emotions, moods, thoughts related to places, to the city and to the services that identify digital neo-geographies (Szott, 2006), "scheduled cities" (Graham, 2009) that include new ways of creating collective maps using digital tools, new ways to travel, to report journeys, to build itineraries, to describe, interpret and share personal urban experiences.

1. A roadmap: itinerari per il sopralluogo, International Workshop Roma 2025, Roma 2015. Elaborazione di Stefania D'Alterio

1. A roadmap: survey routes, International Workshop Rome 2025, Rome 2015. Graphic by Stefania D'Alterio

2. Mosaico delle 24 Visions, International Workshop Roma 2025, MUSEO DELLE ARTI DEL XXI SECOLO, Fondazione Maxxi, Roma, 2015. Foto di Maurizio Alecci

2. Mosaic of the 24 Visions, International Workshop Rome 2025, MUSEUM OF 21ST CENTURY ARTS, Maxxi Foundation, Rome, 2015. Photo by Maurizio Alecci

3. Sopralluogo con gli studenti, Lanificio Factory 159, Via di Pietralata 159, Roma 2015. Foto di Daniele Caruso

3. Survey with the students, Lanificio Factory 159, Via di Pietralata 159, Rome 2015. Photo by Daniele Caruso

4. Sopralluogo con gli studenti, Piazza Sempione, Roma 2015. Foto di Daniele Caruso

5. 7. Sopralluogo con gli studenti, passeggiata lungo l'area di confluenza tra il fiume Tevere e Aniene, Roma 2015. Foto di Daniele Caruso

6. Sopralluogo con gli studenti, Via Nomentana Nuova, quartiere Nomentana, Roma 2015. Foto di Daniele Caruso

4. Survey with the students, Piazza Sempione, Rome 2015. Photo by Daniele Caruso

5. 7. Survey with the students, walking along the area of confluence of the Tiber and Aniene rivers, Rome 2015. Photos by Daniele Caruso

6. Survey with the students, Via Nomentana Nuova, Nomentana district, Rome 2015. Photo by Daniele Caruso

8. Sopralluogo con gli studenti, passeggiata lungo l'area di confluenza tra il fiume Tevere e Aniene, Roma 2015. Foto di Daniele Caruso

9. 10. Sopralluogo con gli studenti, Roma 2015. Foto di Daniele Caruso

11. Sopralluogo con gli studenti, Lanificio Factory 159, Via di Pietralata 159, Roma 2015. Foto di Daniele Caruso

8. Survey with the students, walking along the area of confluence of the Tiber and Aniene rivers, Rome 2015. Photo by Daniele Caruso

9. 10. Survey with the students, Rome 2015. Photos by Daniele Caruso

11. Survey with the students, Lanificio Factory 159, Via di Pietralata 159, Rome 2015. Photo by Daniele Caruso

12

13

PANNELLI IN DOTAZIONE
n. 6 pannelli 100x250x4cm
n. 1 pannello 50x250x4cm

+

STRUTTURA METALLICA DI SOSTEGNO
n. 2 travi in proiflato tubolare 120x4x250
n. 6 pilastri in profilato tubolare 4x4x254
n. 2 travi in profilato tubolare 4x4x108
n. 1 trave in profilato tubolare 4x4x208

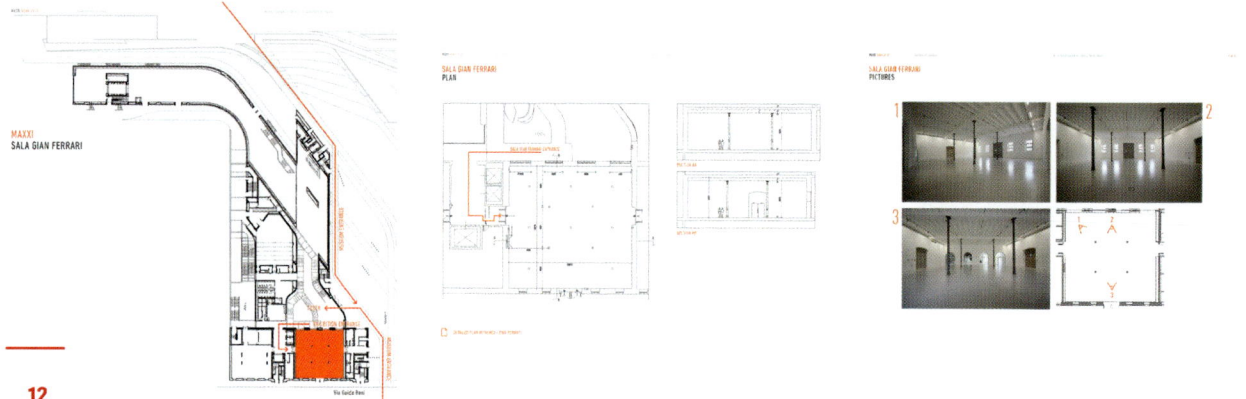

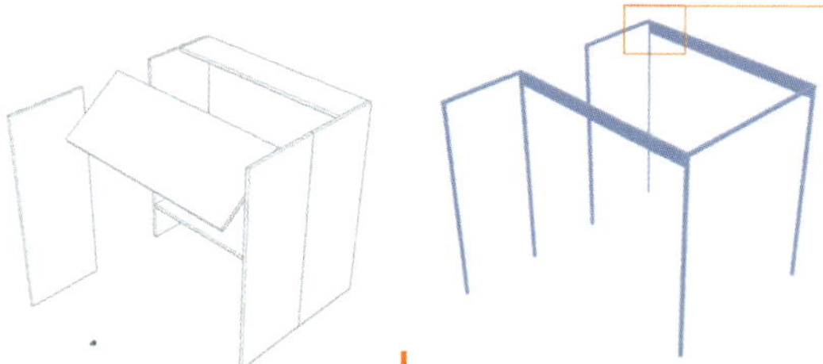

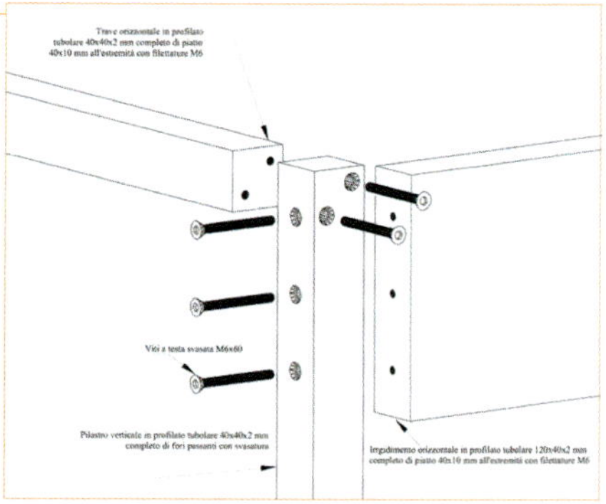

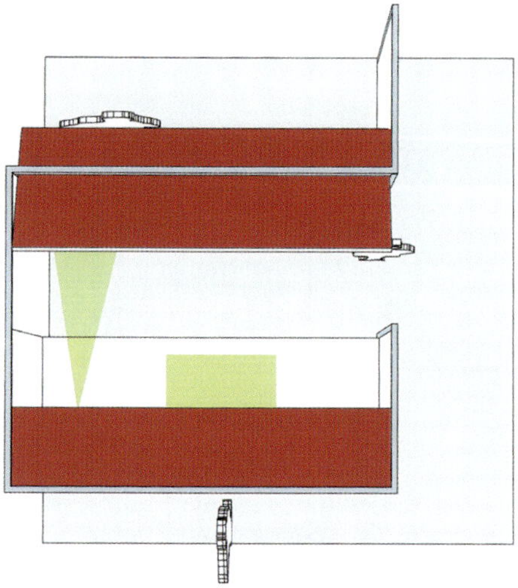

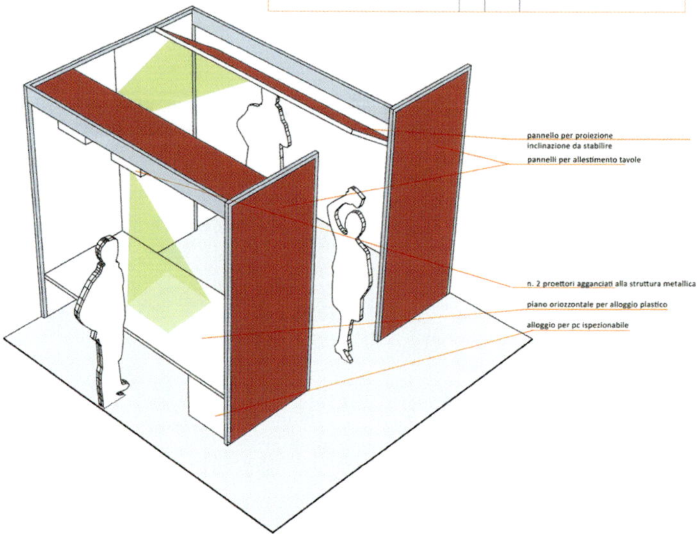

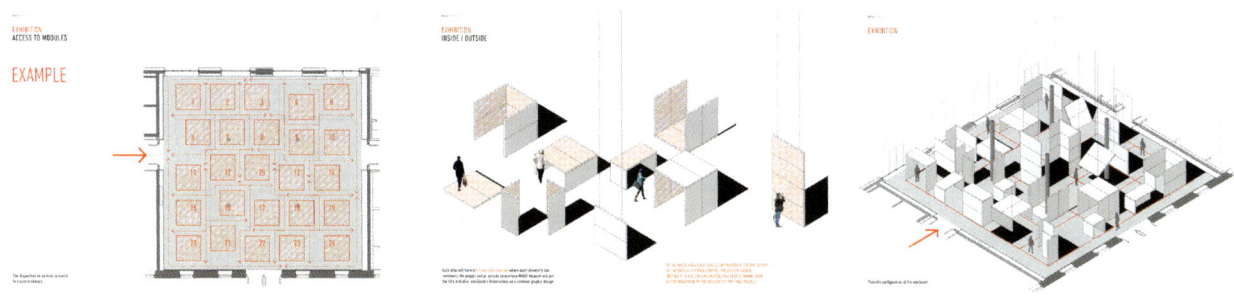

14

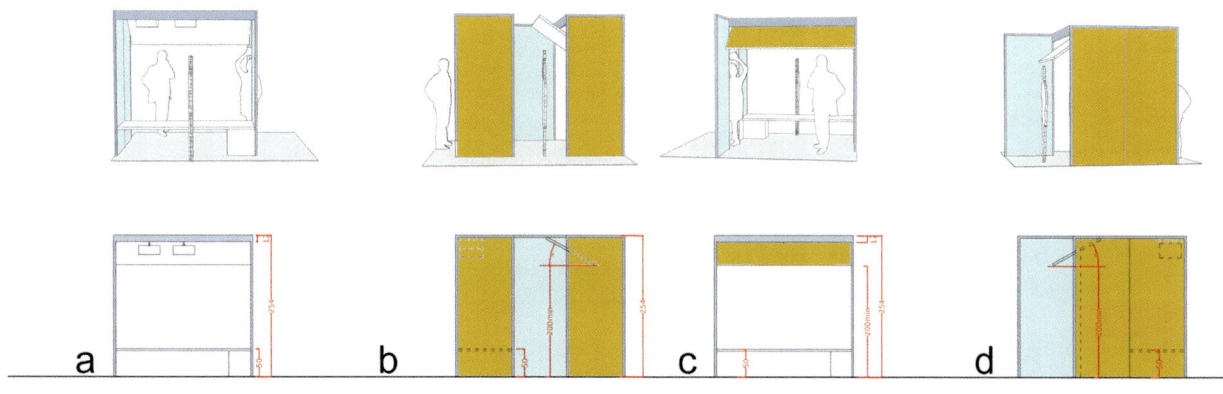

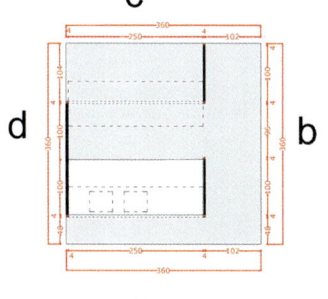

12. MAXXI - ROMA 20 25 Linee guida per l'allestimento

13. 14. Progetto di allestimento per il Padiglione del DiARC - UNINA Università degli studi di Napoli "Federico II" a cura di Roberto Serino e Paola Galante

12. MAXXI - ROME 20 25 Exhibition guidelines

13. 14. Exhibition design for the DiARC - UNINA University of Naples "Federico II" pavilion, curated by Roberto Serino and Paola Galante

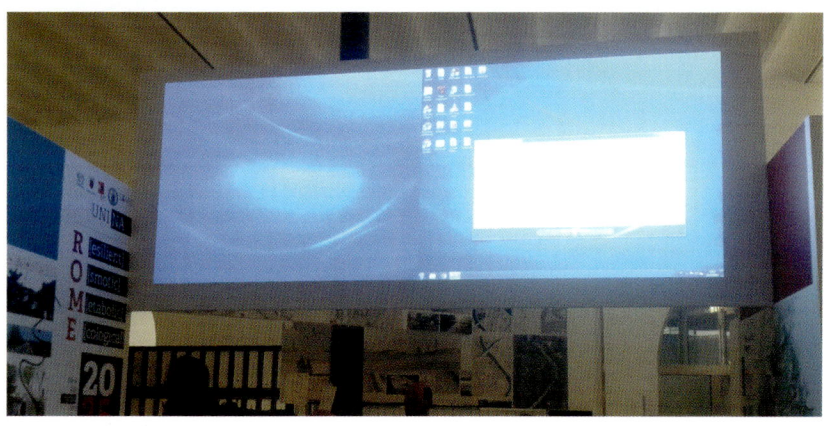

15. Allestimento del Padiglione UniNA. Maxxi, Roma 2015. Foto di Valeria Sassanelli.

15. Setting up the UniNA pavilion. MAXXi, Rome 2015. Photo by Valeria Sassanelli.

16. Padiglione UniNA Ultimato. MAXXi, Roma 2015. Foto di Maurizio Alecci.

16. Completed UniNa pavilion. MAXXi, Rome 2015. Photo by Maurizio Alecci.

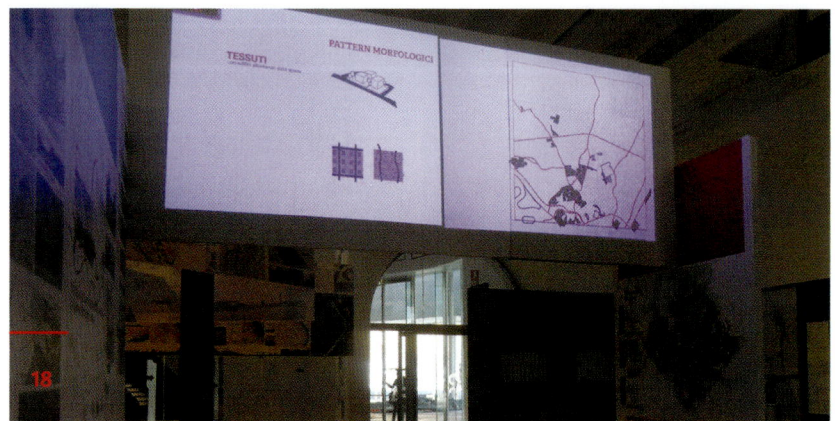

16. 17. Padiglione UniNa Ultimato. MAXXi, Roma 2015. Foto di Maurizio Alecci.

18. 19. 20. 21. Padiglione UniNa Ultimato. MAXXi, Roma 2015. Foto di Valeria Sassanelli.

16. 17. Completed UniNa pavilion. MAXXi, Rome 2015. Photos by Maurizio Alecci.

18. 19. 20. 21. Completed UniNa pavilion. MAXXi, Rome 2015. Photos by Valeria Sassanelli.

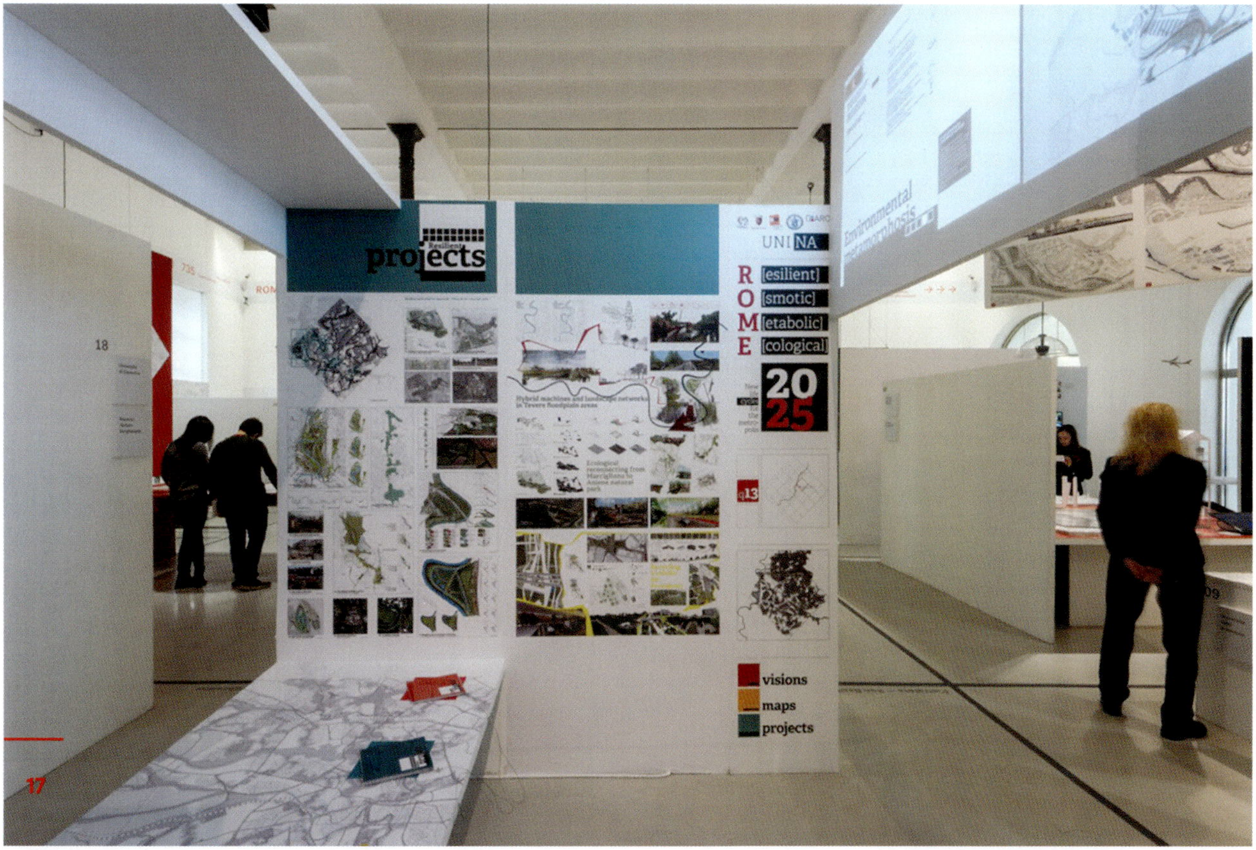

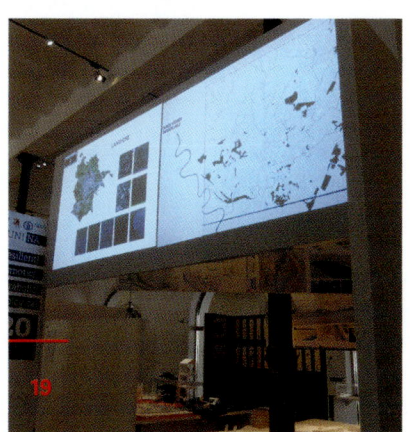

Il Quadrante 13 è chiaramente distinto dal GRA in due parti, una fortemente caratterizzata dal paesaggio agrario e naturalistico e un'altra densamente urbanizzata. In quest'ultima domina il carattere frammentario e autoreferenziale dei materiali urbani che si sono giustapposti nel corso del Novecento in assenza di un disegno complessivo. Ad essi si aggiungono alcuni ingombranti recinti monofunzionali e si frappongono alcune rilevanti infrastrutture e talvolta "barriere" ferroviarie e stradali. La necessità di costruire un quadro conoscitivo aggiornato in grado di restituire la molteplicità delle questioni in gioco viene affrontata con la costruzione di alcune mappe interpretative in grado di raccontare i connotati strutturanti, qualificanti e critici di questa parte di città, rilevandone i punti di debolezza e le occasioni di rigenerazione da definire come repertorio di approfondimenti progettuali potenziali.

Quadrant 13 is clearly separated into two parts by the GRA Ring Road. One is strongly characterised by the natural agrarian landscape and the other is densely urbanised. The latter is dominated by the fragmentary and self-referential nature of the urban materials juxtaposed here throughout the 1900s without any overall design. Several bulky single-purpose enclosures are added to these and are interposed by several important infrastructures and railway and road "barriers". The need to build an updated cognitive framework to present the variety of issues at stake is addressed with the construction of several interpretative maps capable of describing the structuring, qualifying and critical aspects of this part of the city, detecting the weaknesses and regeneration opportunities to be defined as a repertoire of potential planning investigations.

Interpretative maps

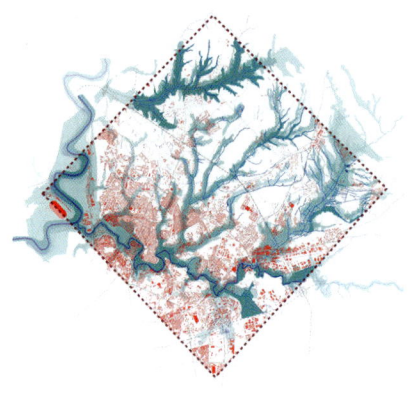

Historical setting

Geographical, environmental and landcape system

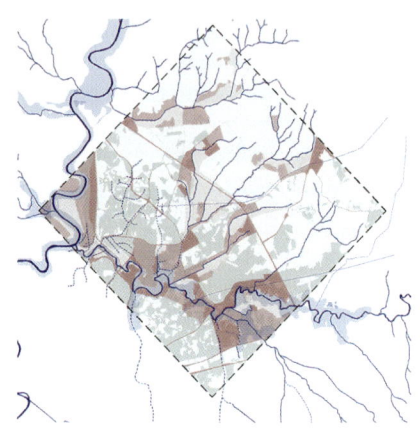

Water network and flood risks

Infrastructure and accessibility network

Formal and effective urban uses

Projects and programs

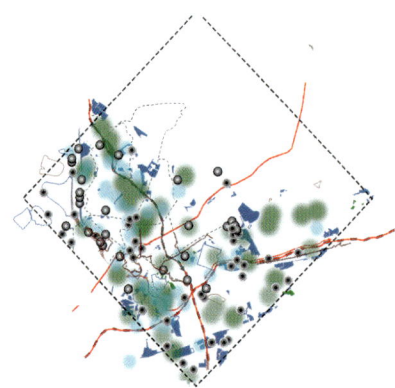

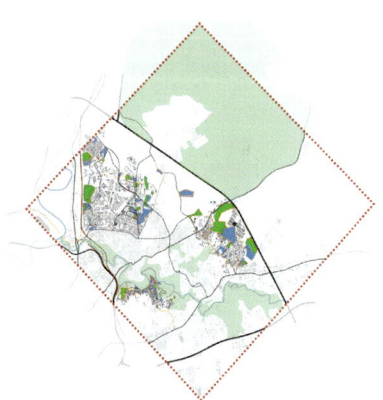

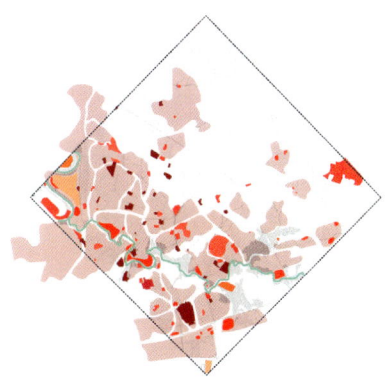

Centralities

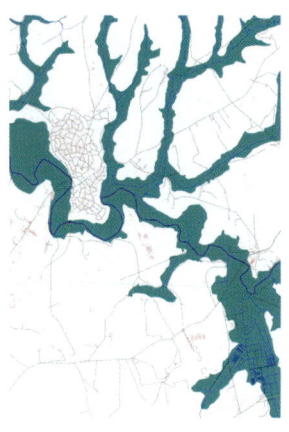 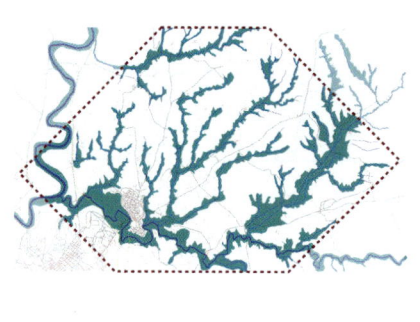 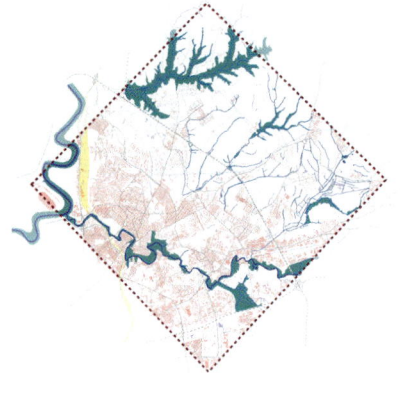

1907 - 1924 **1926 - 1943** **1943 - 2015**

Historical setting

Il disegno del territorio storico, leggibile nelle principali cartografie del Novecento, assieme alla successione dei processi insediativi leggibili secondo alcune scansioni temporali significative, come sostrato conoscitivo per interpretare il grado di permanenza e persistenza delle tracce storiche da confermare e valorizzare nella proposta progettuale.

The design of the historical setting, which can be read in the map-making of the 1900s, together with the succession of settlement processes that can be read according to significant temporal scans, as a cognitive substrate to interpret the degree of permanence and persistence of the historical traces to be confirmed and valued in the planning proposal.

di/by F. Canzanella, S. Perna

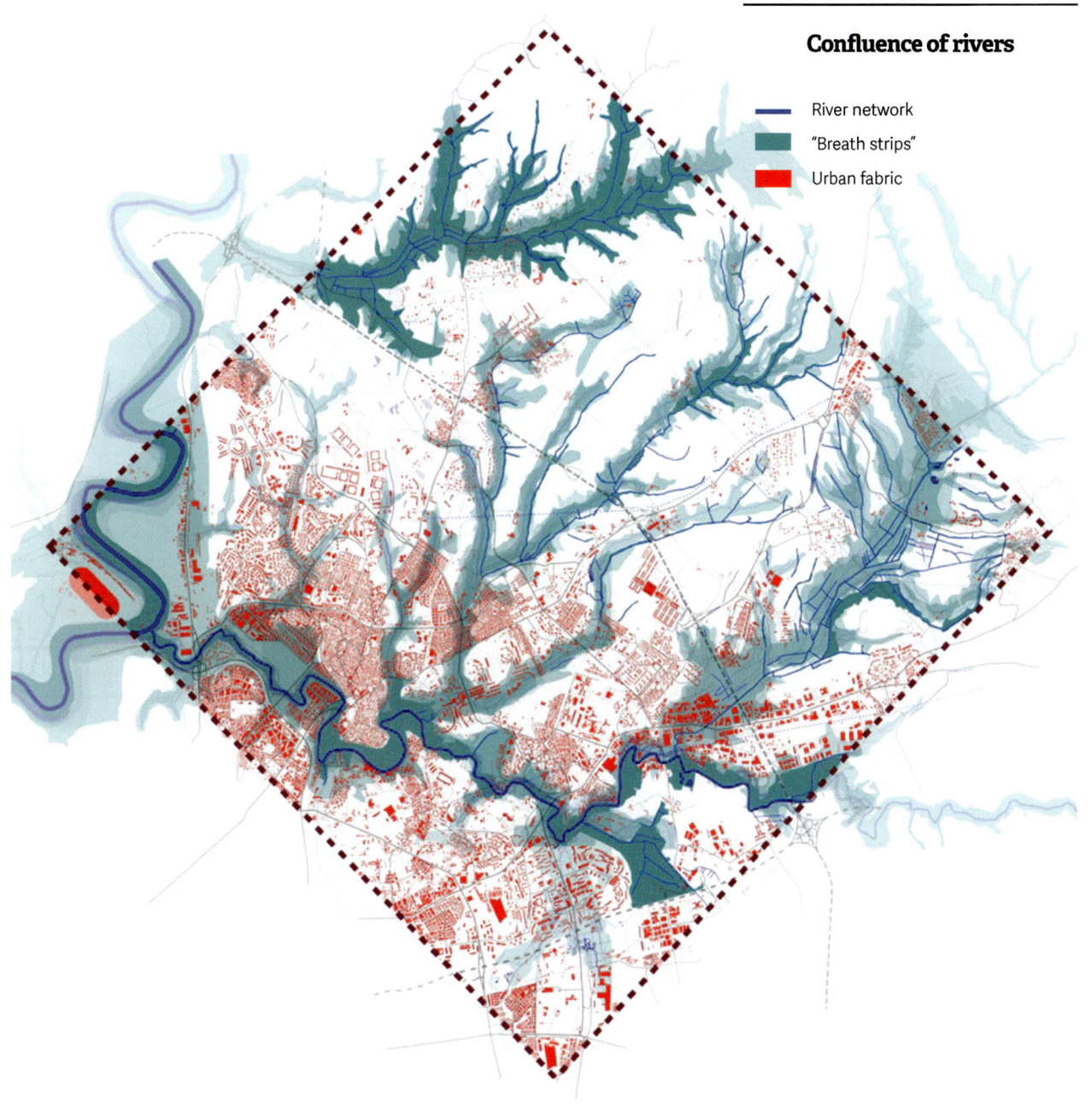

Geographical, environmental and landscape system

Il disegno dei caratteri strutturanti del paesaggio attraverso la sovrapposizione tra forma del suolo, acque e paesaggi vegetali fluviali lineari, paesaggi agrari, patch boschive, margini urbani, recinti monofunzionali, aree permeabili/impermeabili, pattern morfologici dei tessuti urbani e porosità ambientali urbane diffuse.

The design of the structuring aspects of the landscape by superimposing ground form, waterways and linear river landscapes, agrarian landscapes, forest patches, urban fringes, single-purpose enclosures, permeable/impermeable areas, morphological patterns of urban fabrics and widespread urban environmental porosity.

di/by L. Boissenin, T. Cappuccio, S.P. Iacoviello, C. Percina

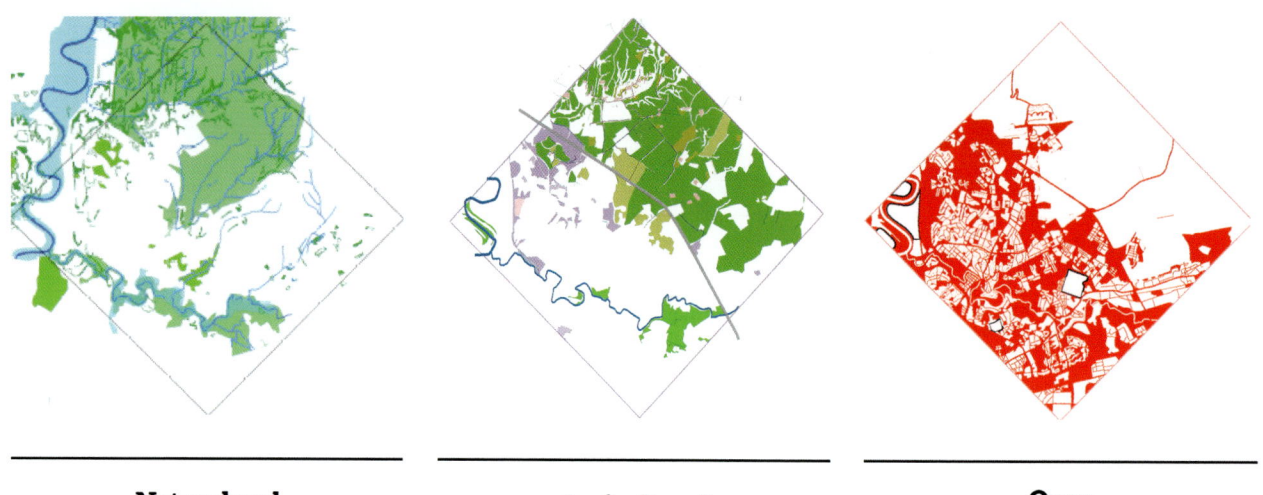

Natural and river landscapes **Agricultural landscapes** **Open spaces**

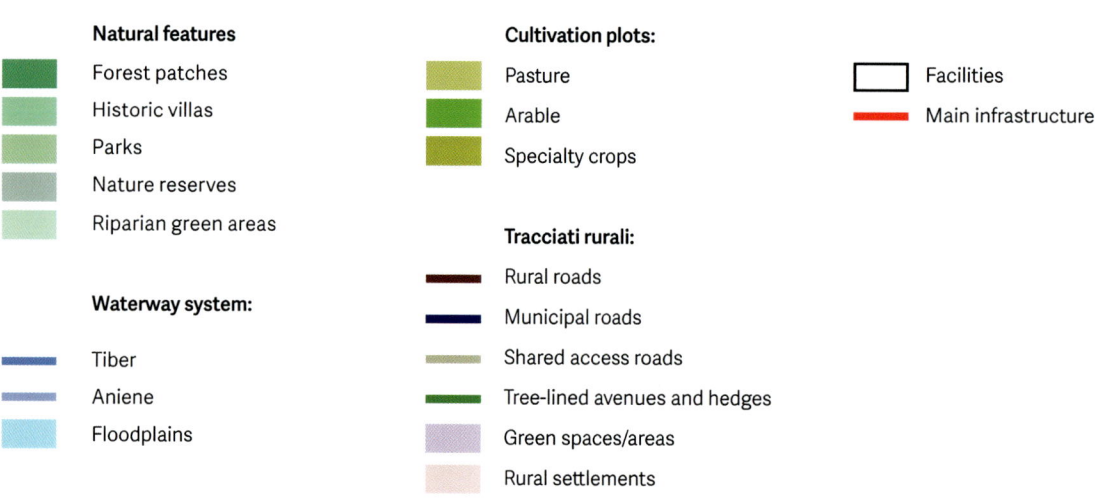

Natural features
- Forest patches
- Historic villas
- Parks
- Nature reserves
- Riparian green areas

Waterway system:
- Tiber
- Aniene
- Floodplains

Cultivation plots:
- Pasture
- Arable
- Specialty crops

Tracciati rurali:
- Rural roads
- Municipal roads
- Shared access roads
- Tree-lined avenues and hedges
- Green spaces/areas
- Rural settlements

- Facilities
- Main infrastructure

Morphological patterns

Morphological patterns

- Fabric with buildings drawn back from the road
- Fabric with buildings that have a direct relationship with the road
- Fabric with production facilities
- Fabric with modern settlements
- Low-density mixed fabric
- Facilities
- Main infrastructure
- Railway

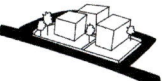

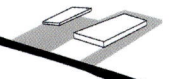
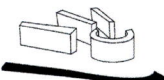

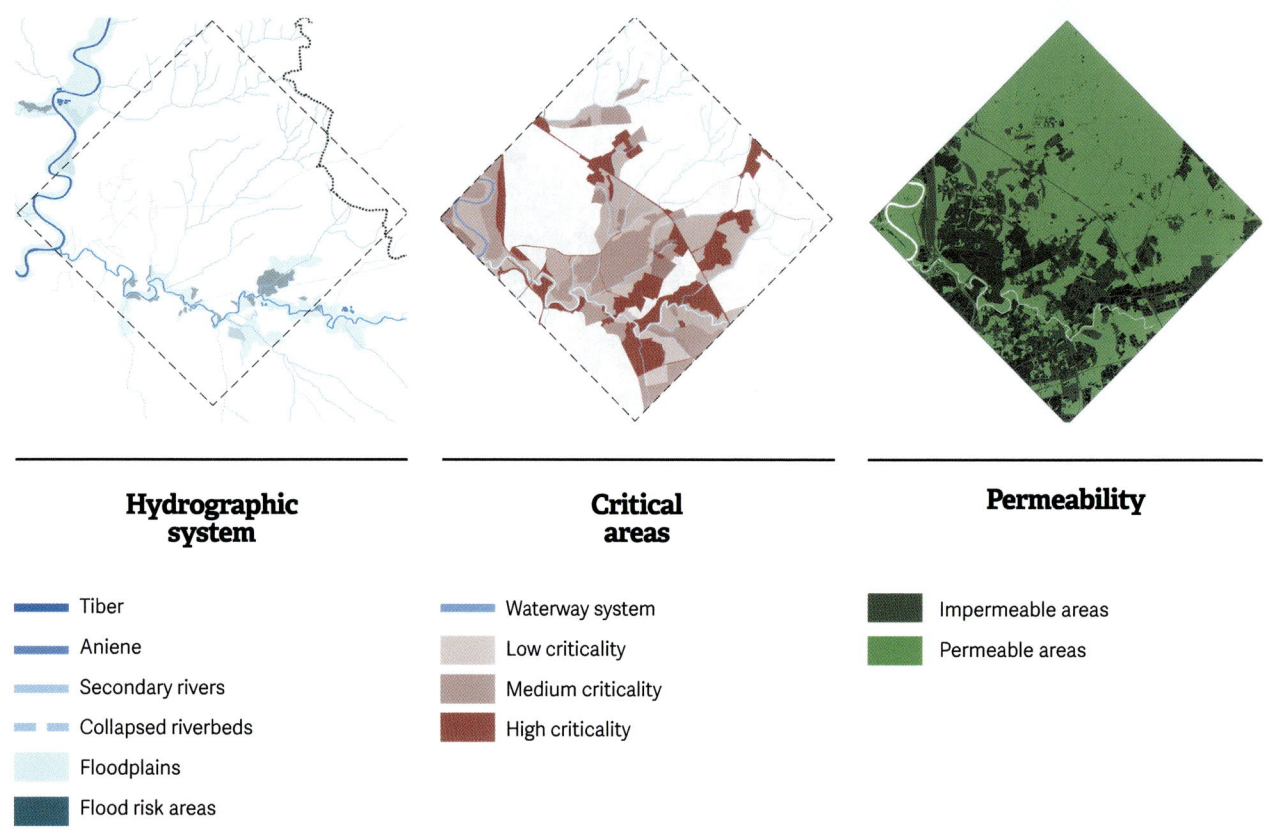

Hydrographic system	Critical areas	Permeability
Tiber	Waterway system	Impermeable areas
Aniene	Low criticality	Permeable areas
Secondary rivers	Medium criticality	
Collapsed riverbeds	High criticality	
Floodplains		
Flood risk areas		

Water network and flood risks

di/by G. Castaldo, M. Longobardi, C. Pengue, F. Tuccillo

L'interazione critica tra il sistema fluviale, i materiali del suo paesaggio e le aree di potenziale esondabilità - così come definite dal Piano di Gestione del Rischio Alluvioni [PGRA] dell'Autorità di Bacino del fiume Tevere [2014] - per definire la sequenza dei luoghi di una possibile quanto necessaria malleabilità e resilienza nonché l'alternanza con quelli più circoscritti di una indispensabile "resistenza" alle condizioni di rischio idraulico.

The critical interaction between the river system, the materials in its landscape and potential floodplains — as defined in the Flood Risk Management Plan [PGRA] of the Tiber River Basin Authority [2014] — to define the sequence of places for possible and necessary malleability and resilience, as well as alternation with the more circumscribed ones of an indispensable "resistance" to flood risk conditions.

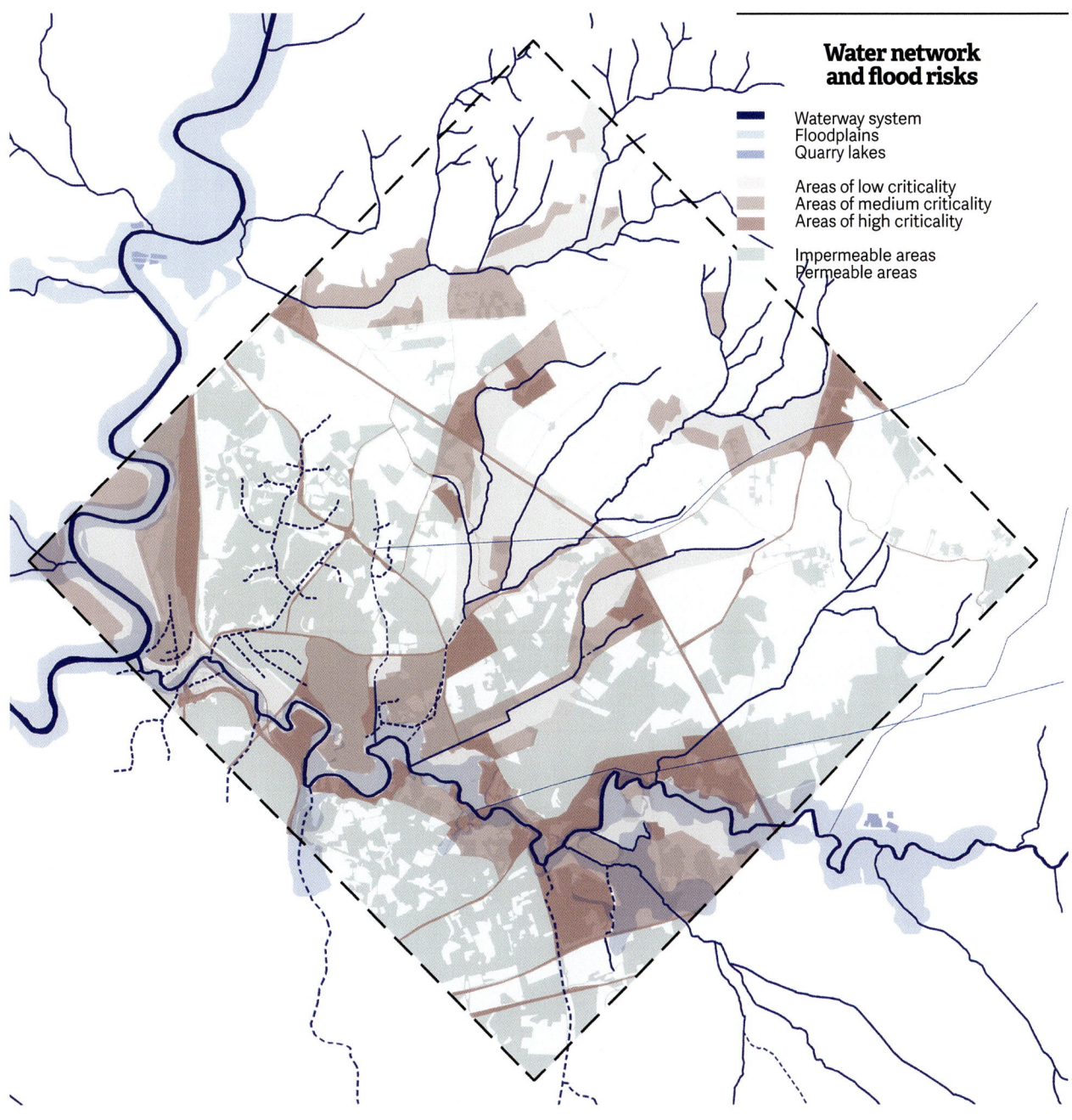

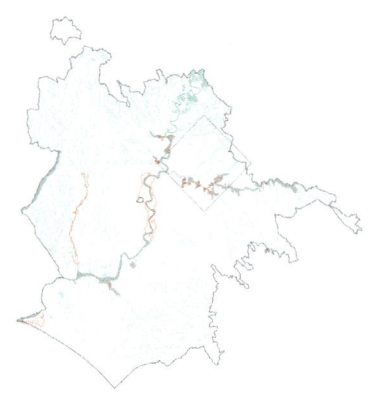
Risk and riskiness

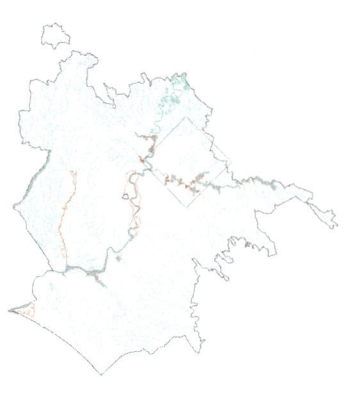
Floodplain

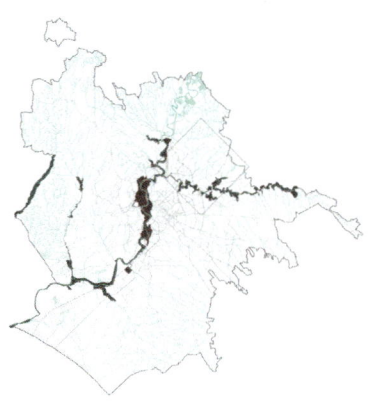
Floodplain and morphological patterns

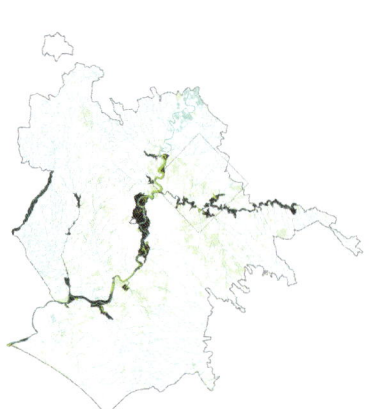
Floodplain and infrastructures

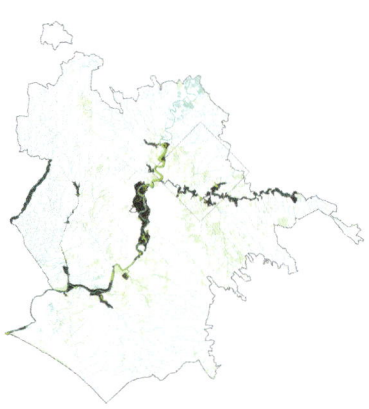
Floodplain and green spaces

di/by D. Caruso, C. Caldarazzo, S. D'Alterio, G. Di Bonito, S. Murolo

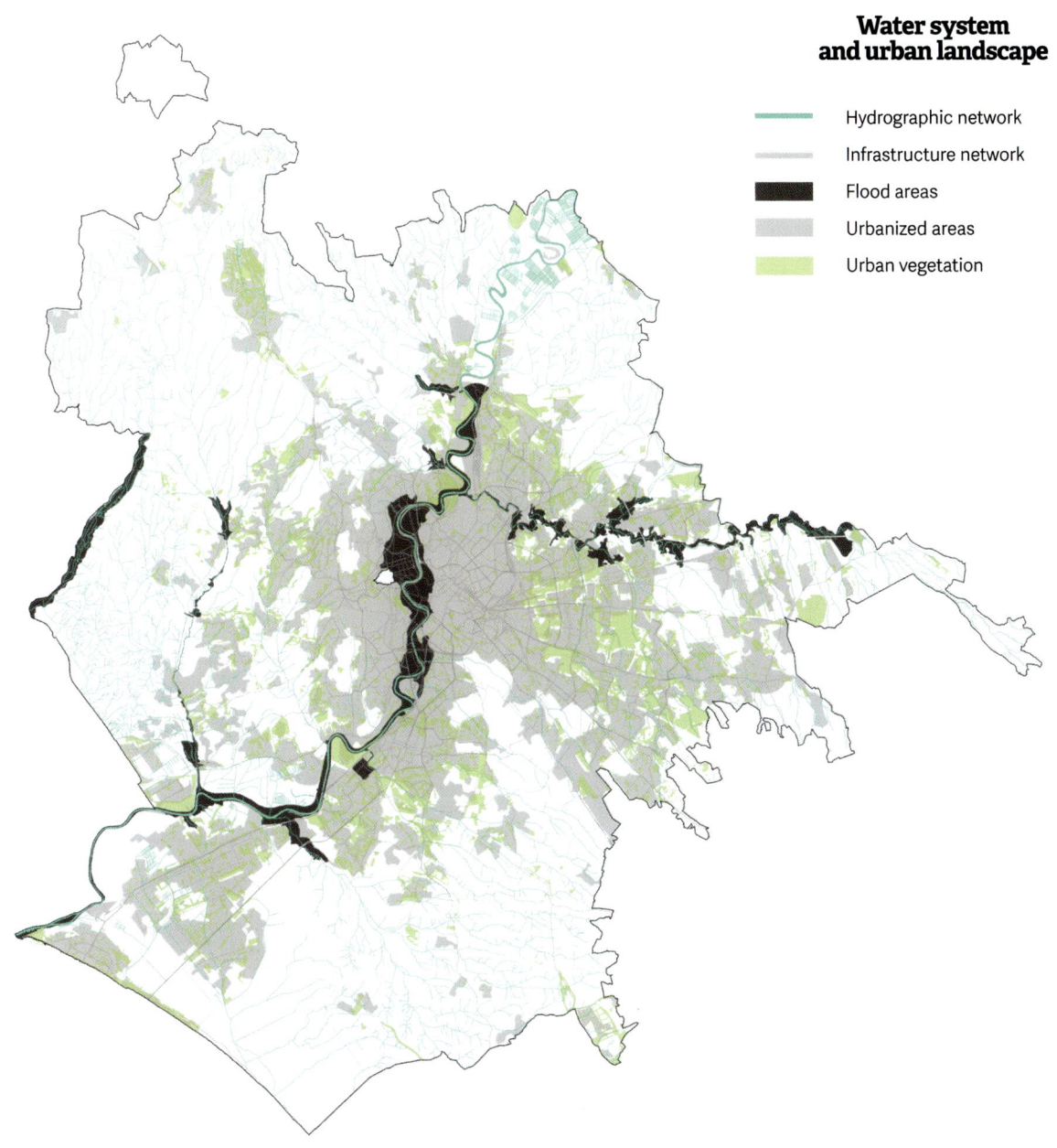

Road infrastructure

— G.R.A. Ring Road
— Primary roads
— Secondary roads
— Local roads
⬡ Road junctions
● Isochronous junctions [1000m]

Railway infrastructure

— Rail
Metro:
— A
— B
— FM
● Metro stop
● Isochronous metro stop [500m]
- - - Abandoned infrastructure

Spaces connected to infrastructure

▪ Drosscapes
▫ Industrial enclosures
▪ Prison
▪ Hospital
▫ Urbe Airport

Infrastructure and accessibility network

di/by D. Caruso, C. Caldarazzo, S. D'Alterio, G. Di Bonito, S. Murolo

Il quadro delle reti infrastrutturali esistenti e previste, sia di tipo stradale che ferroviario, assieme a tutte le criticità ad esse correlate come l'incompletezza delle stesse reti, il sovradimensionamento delle sedi, l'incompiutezza delle opere, la scarsa qualità morfologica e ambientale derivante e l'enorme quantità di aree di scarto e residuali che costituiscono un enorme potenziale di rigenerazione.

The framework of existing and planned infrastructure networks, including both roads and railways, together with all the critical issues related to them, such as incomplete networks, site over-sizing, incomplete works, the resulting poor morphological and environmental quality, and the huge amount of waste and residual areas with great regeneration potential.

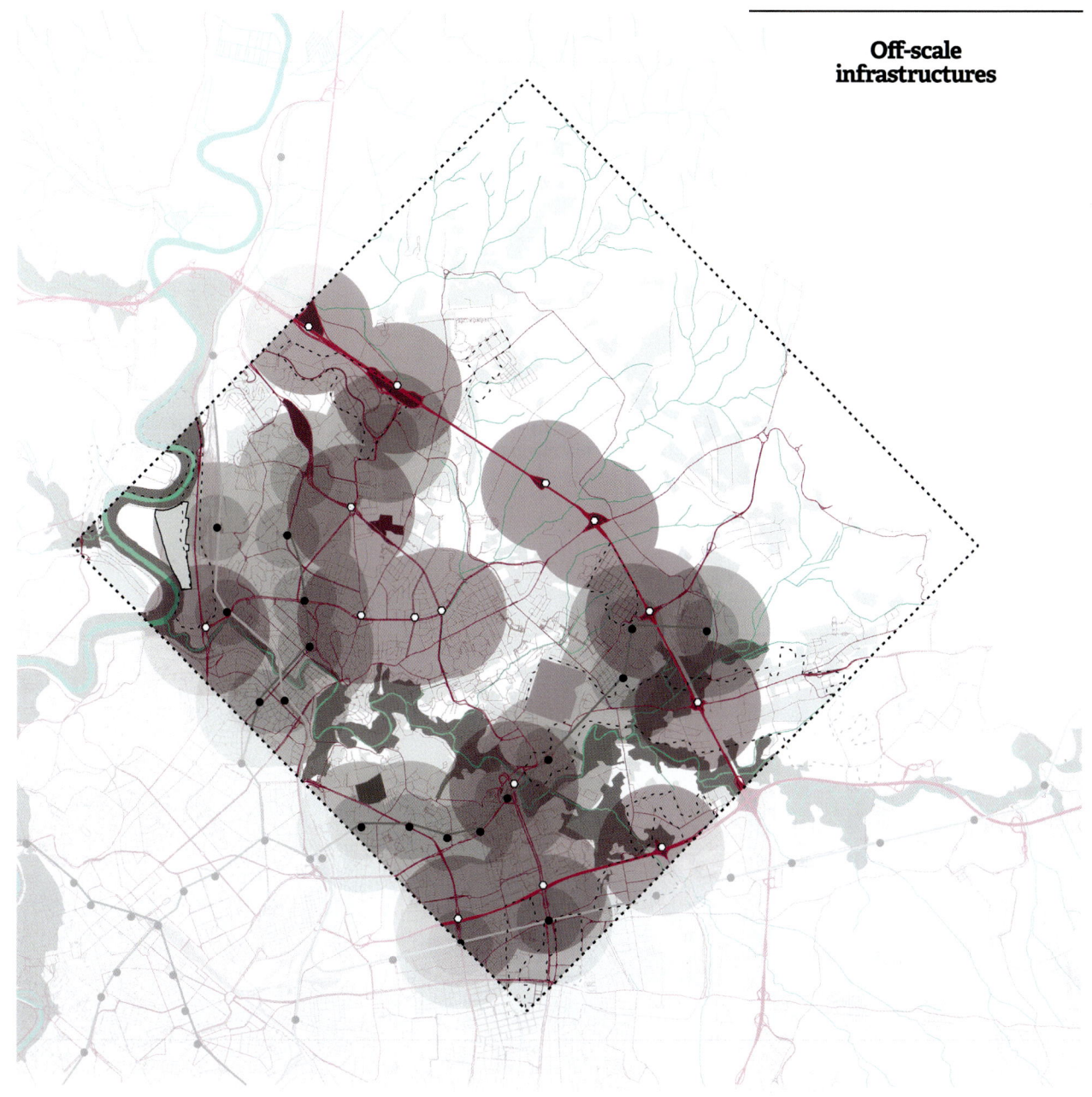

Off-scale infrastructures

 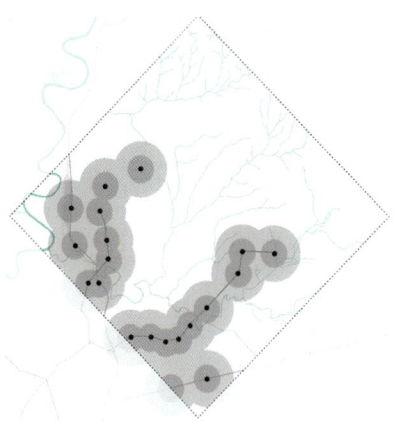 

Road Infrastructures   **Rail Infrastructures**   **Industrial enclosures**

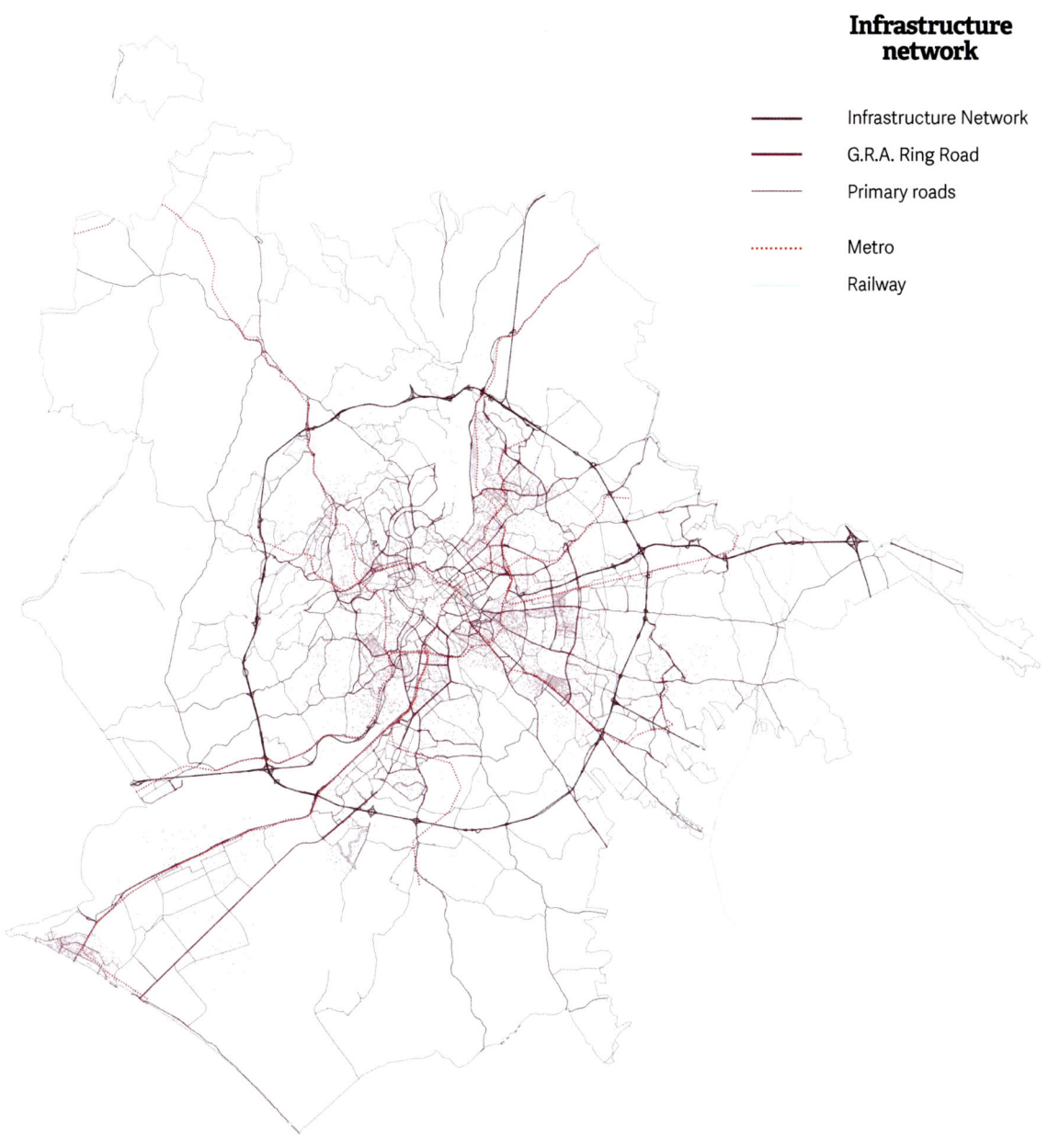

Infrastructure network

— Infrastructure Network
— G.R.A. Ring Road
— Primary roads
····· Metro
  Railway

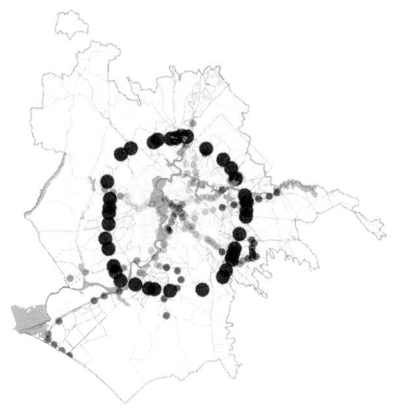
Shift in transport flows [attracted]

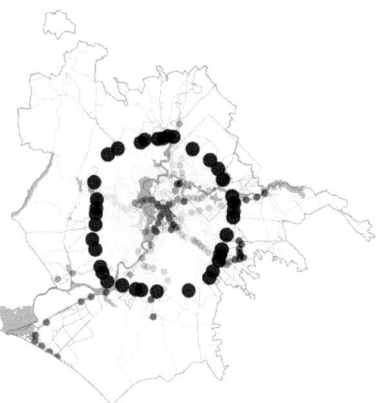
Shift in transport flows [transfers]

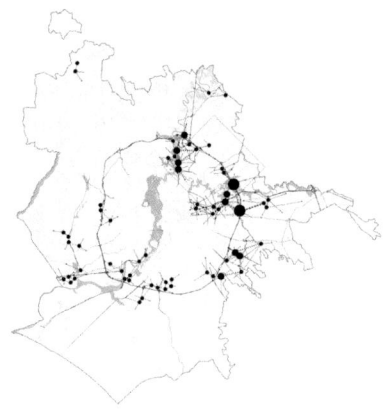
Production centres and relational flows

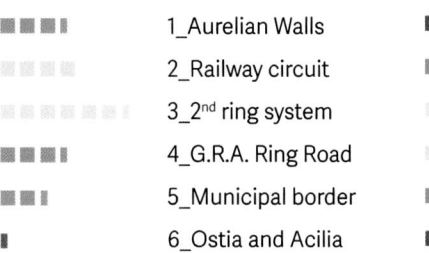

▓▓▓▪	1_Aurelian Walls
▫▫▫▫	2_Railway circuit
▪▪▪▪▪▪▪	3_2ⁿᵈ ring system
▓▓▓▪	4_G.R.A. Ring Road
▓▓▪	5_Municipal border
▪	6_Ostia and Acilia

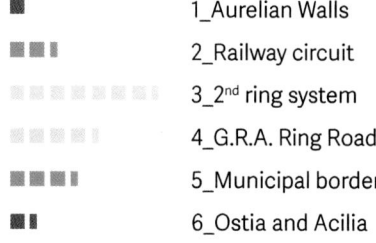

▪	1_Aurelian Walls
▓▓▪	2_Railway circuit
▪▪▪▪▪▪▪	3_2ⁿᵈ ring system
▫▫▫▪	4_G.R.A. Ring Road
▓▓▓▪	5_Municipal border
▪▪	6_Ostia and Acilia

● Production centres > 20 manufacturing buildings

● Production centres 10 < manufacturing buildings < 20

• Production centres < 10 manufacturing buildings

▪▪▪▪ Relational flows between production centres > 20 manufacturing buildings

▪▪▪▪▪▪ Relational flows between production centres < 20 manufacturing buildings < 10

▪▪▪▪▪▪ Relational flows between production centres < 10 manufacturing buildings

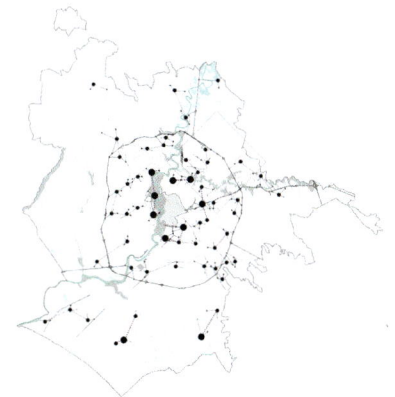 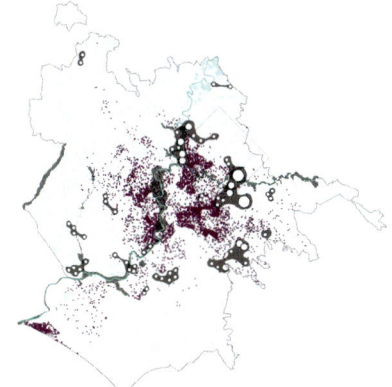 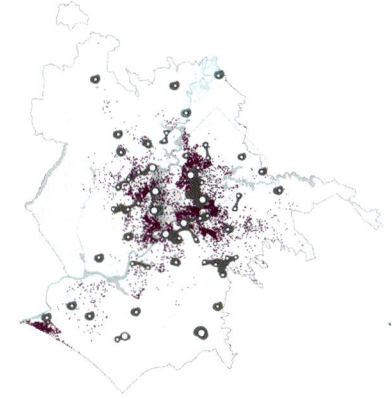

Attractive centres and relational flows

Production centres and population distribution

Attractive centres and population distribution

- ● Attractive built up areas > 20 attractors
- • Attractive built up areas 10 < attractors < 20
- · Attractive built up areas < 10 attractors
- ▪▪▪▪ Relational flows between attractive areas > 20 attractors
- ▬▬▬ Relational flows between attractive areas < 20 attractors < 10
- ----- Relational flows between attractive areas < 10 attractors

- ◯ Production centres > 20 manufacturing buildings
- ○ Production centres 10 < manufacturing buildings < 20
- ○ Production centres < 10 manufacturing buildings
- ∴ Population distribution =200 inhabitants

- ◯ Attractive built up areas > 20 attractors
- ○ Attractive built up areas 10 < attractors < 20
- ○ Attractive built up areas < 10 attractors
- ── Production/urbanized centre connection
- ∴ Population distribution =200 inhabitants

Drosscape
- Infrastructure system
- Environmental system
- Settlement system

Value targets of social players
- Infrastructure system
- Environmental system
- Settlement system

Informal practices
- Infrastructure system
- Environmental system
- Settlement system

Formal and effective urban uses

La spazializzazione degli usi formali e reali di edifici e spazi aperti, in riferimento alle zone del PRG, assieme alla mappatura delle aree di scarto [drosscape], delle azioni degli attori sociali ed economici, ed anche i target valoriali legati a specifici luoghi per rilevare le aspettative e le eventuali pratiche di appropriazione informale dello spazio.

The spatialization of the formal and effective uses of buildings and open spaces, in reference to the zones of the Plan, together with the mapping of the drosscape, the actions of social and economic players, and the value targets related to specific places to detect the expectations and any practices of informal appropriation of the space.

di/by N. Fierro, E. Montone, P. Ruggiero, F. Vingelli

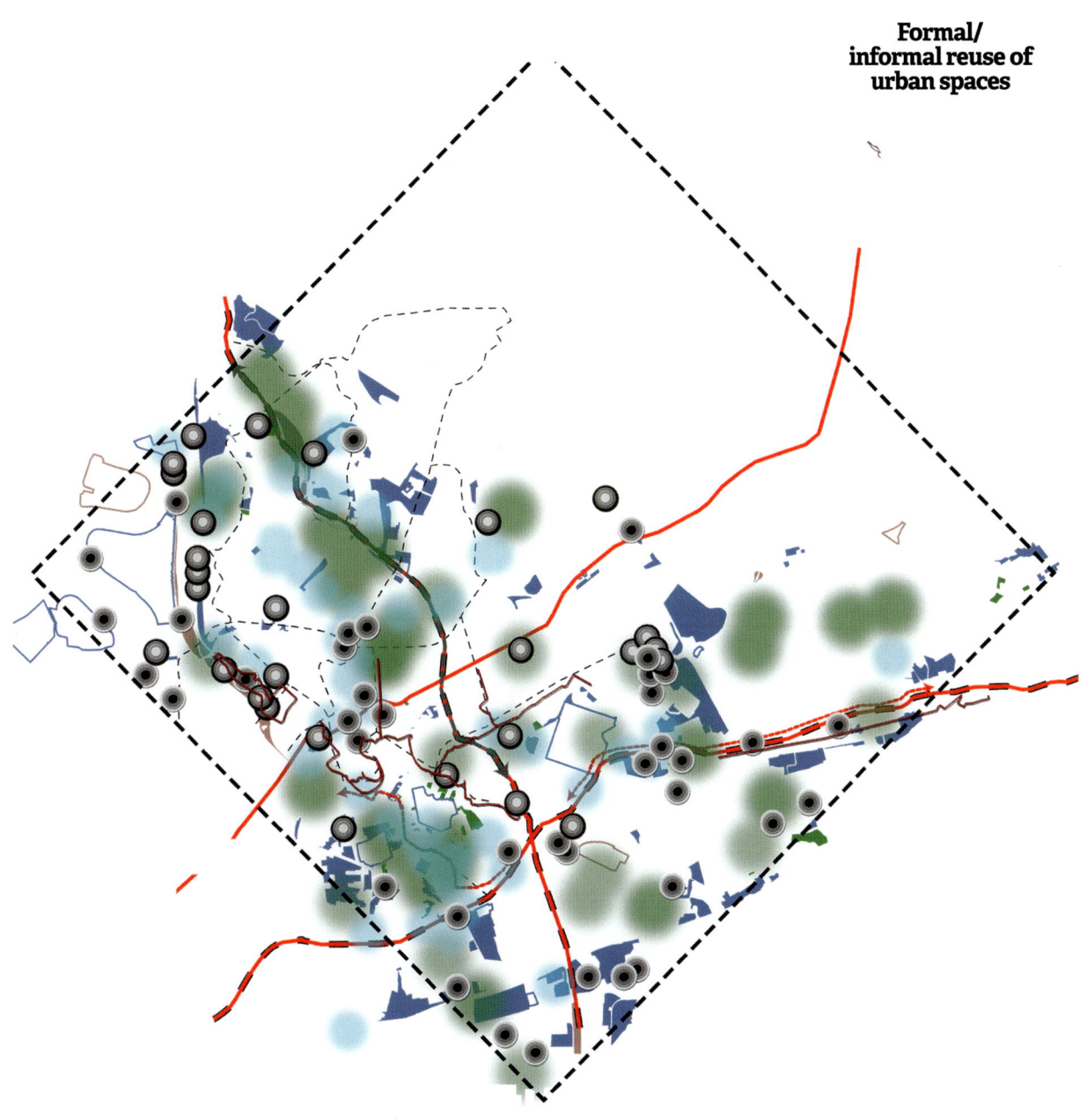

Formal/ informal reuse of urban spaces

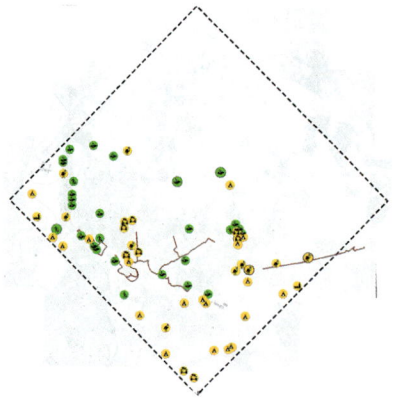

Tangible city uses

Unbidden city uses

Wasted city

Infrastructure system
- Primary roads
- Secondary roads
- Historic roads
- Regional railway
- Technological infrastructure

Environmental system
- Rivers
- Parks
- Agricultural areas

Settlement system
- Residential fabric
- Industrial settlements
- Services and facilities
- Equipped green areas

Infrastructure system
- Pedestrian/cycling paths

Environmental system
- Environmental care
- Abandonment of waste

Settlement system
- Produce
- Living in camp
- Cohabiting buildings
- Places of sociality
- Temporary uses

Infrastructure system
- Urban machines related to the water network
- Abandoned infrastructure
- Interstitial areas

Environmental system
- Abandoned land
- Abandoned quarries

Settlement system
- Specialized enclosures
- Residual areas
- Areas in disuse

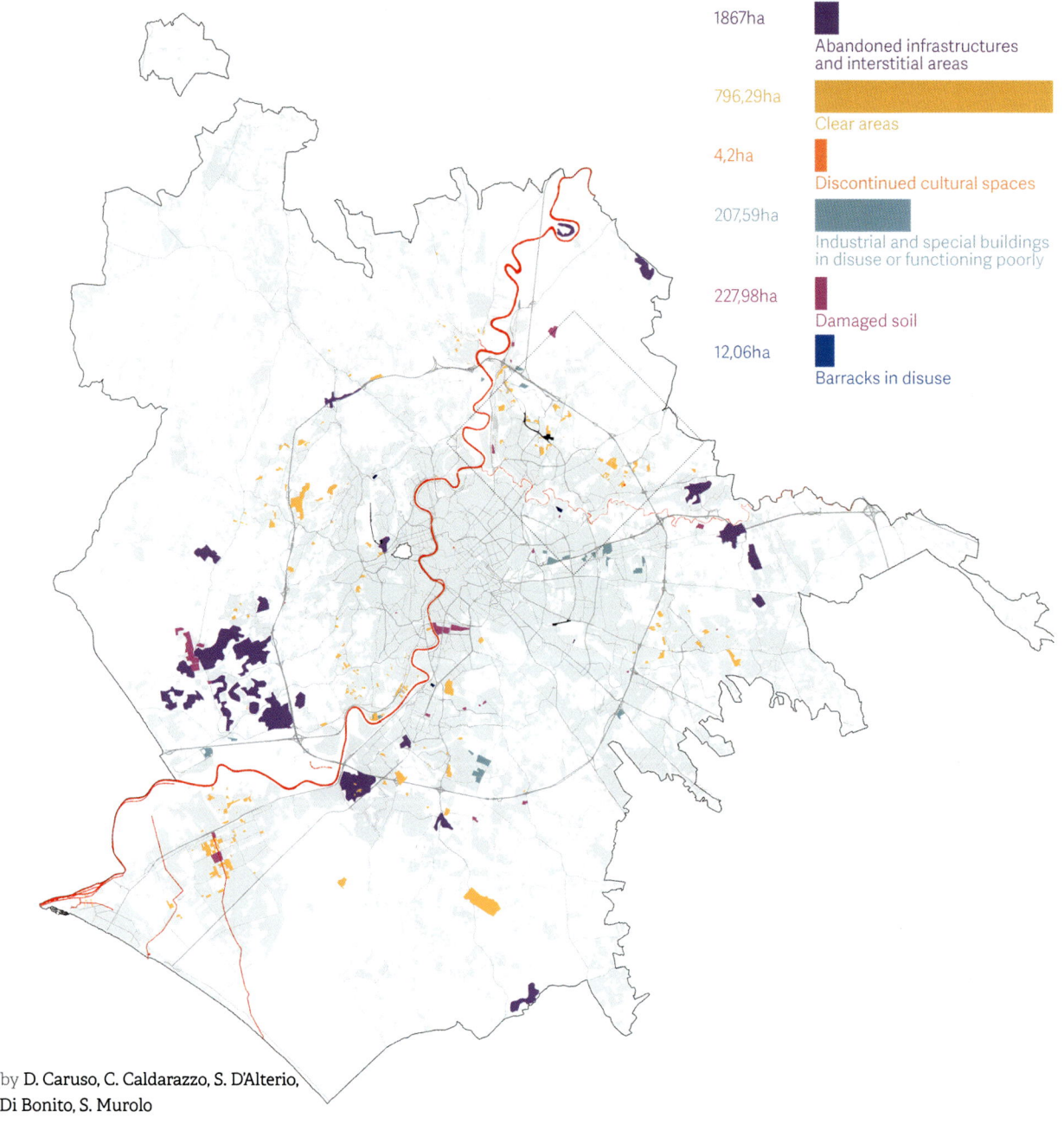

di/by D. Caruso, C. Caldarazzo, S. D'Alterio, G. Di Bonito, S. Murolo

Drosscape

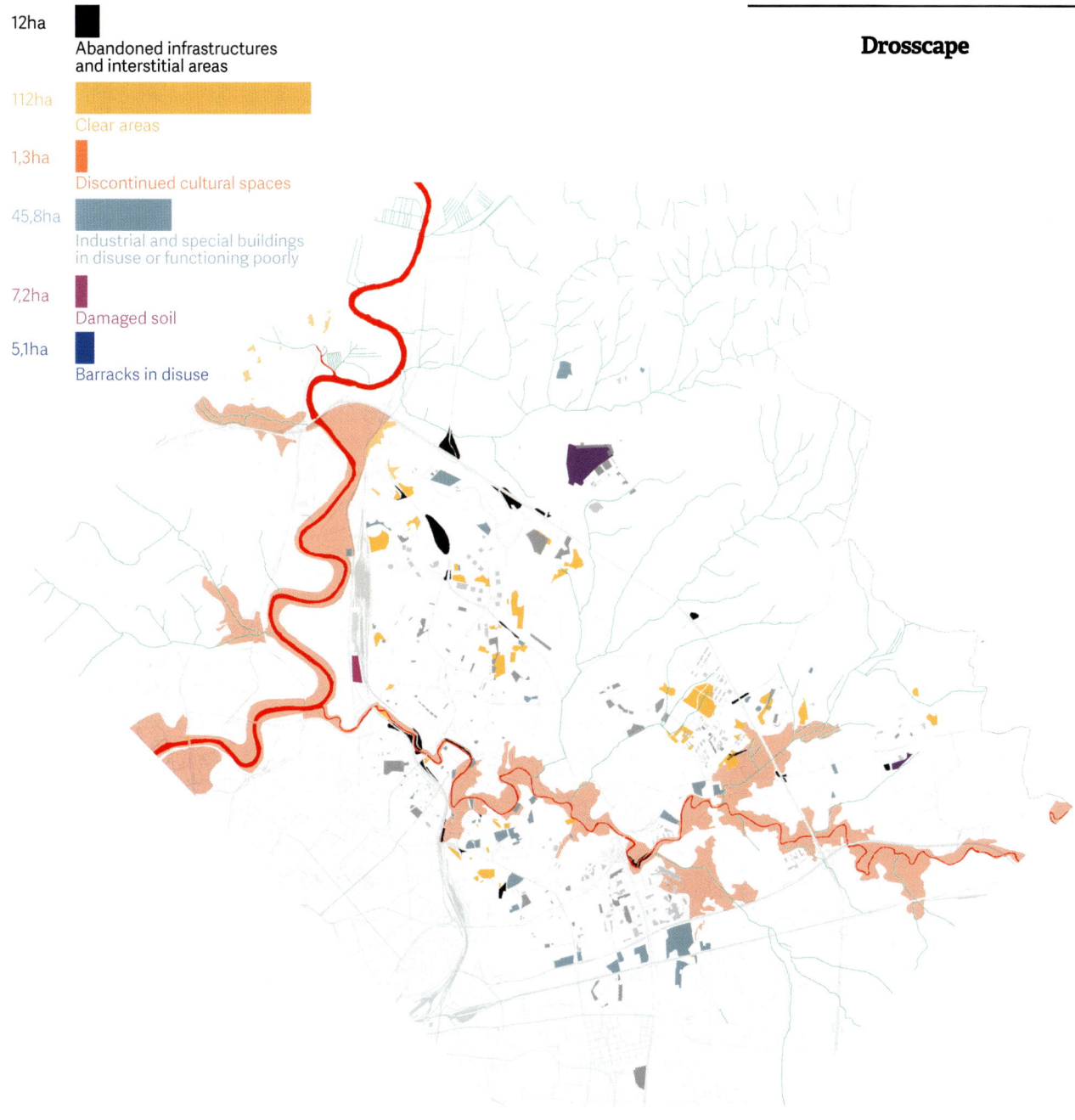

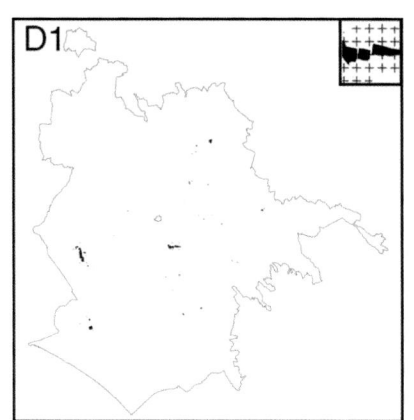
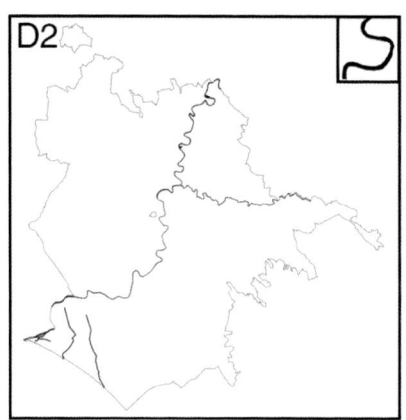
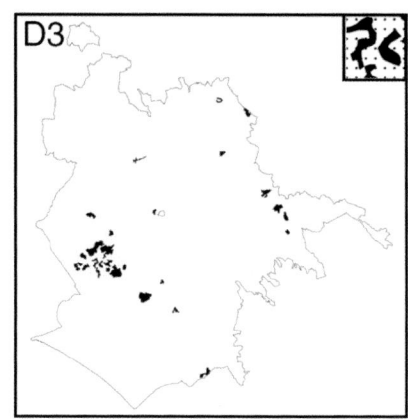

Damaged soils   **Damaged water networks**   **Mines and landfills**

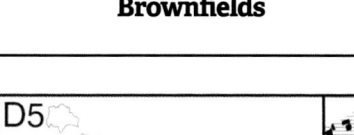

Brownfields

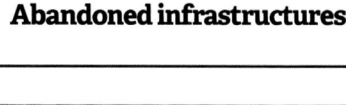

Empty areas

Abandoned infrastructures

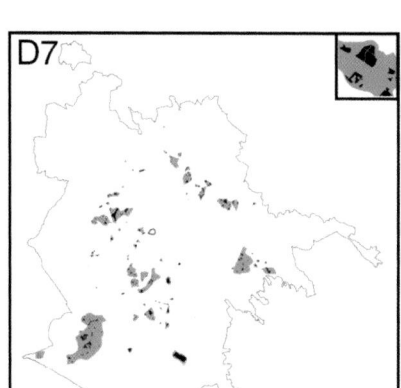

Drosscape and relational dynamics

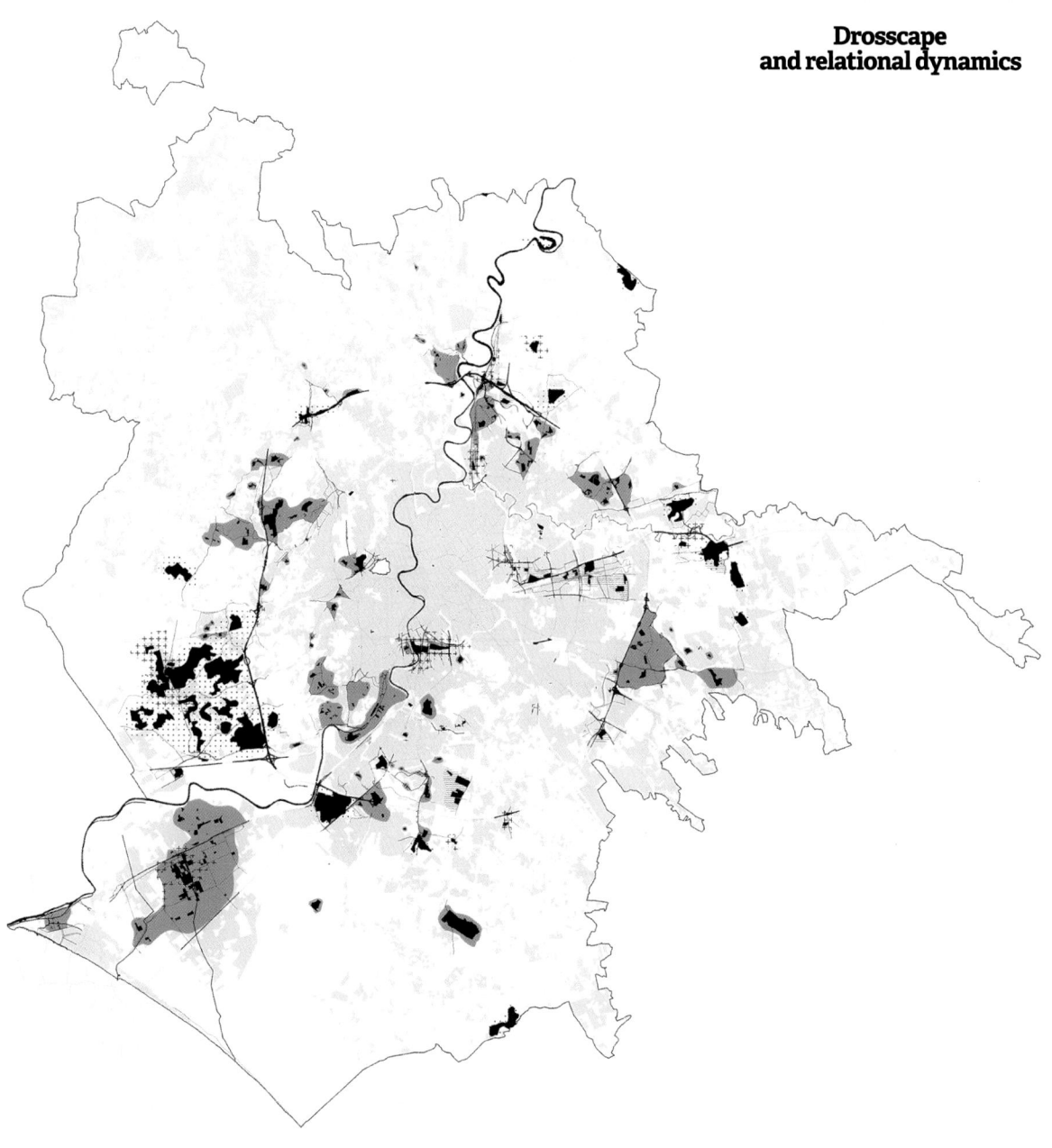

Type of interventions

☐ Public interventions
☐ Private interventions

Category of interventions

■ Interventions of an environmental type
■ Interventions of a settlement type
■ Interventions of an infrastructural type

Type of infrastructural interventions

▪▪▪▪ Strengthening of road infrastructure

······ Strengthening and building pedestrian/cycling network

------ Closure of the railway circu

Projects and programs

Il quadro delle previsioni trasformative e delle nuove attrezzature e infrastrutture, pubbliche e private, dei programmi e delle trasformazioni in atto con riferimento al PRG vigente, come riferimento per valutare le regole e gli indirizzi pertinenti agli obiettivi e ai temi di progetto individuati.

The framework of forecast transformation and new public and private facilities and infrastructure, of the plans and transformations underway regarding the Urban Development Plan in force, as a reference to assess the rules and directions pertaining to the identified project objectives and themes.

di/by D. Gallinaro, V. Miraglia

Active projects and programs

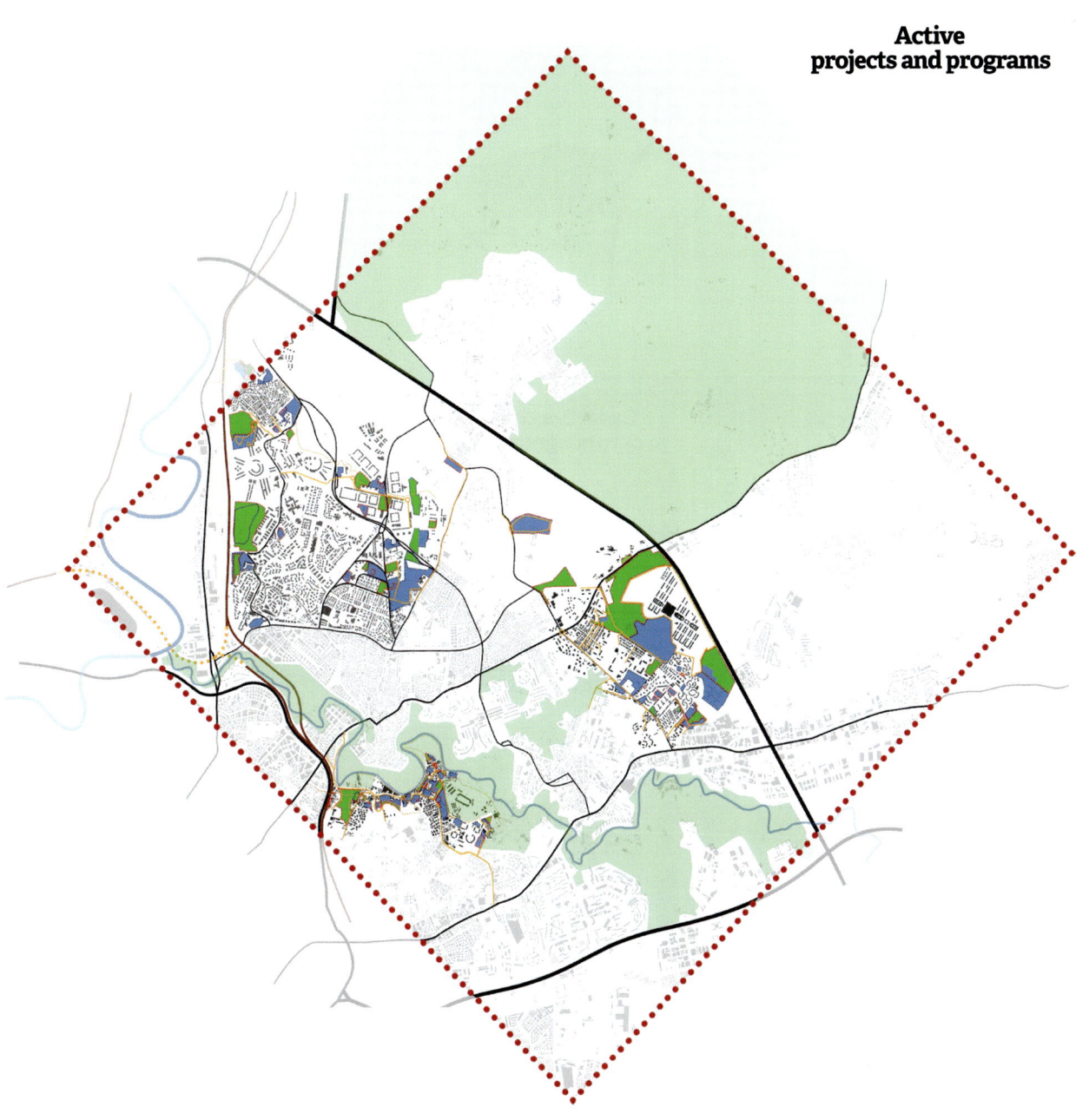

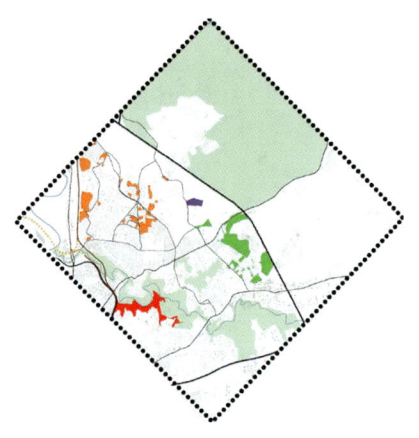

Boundaries of projects

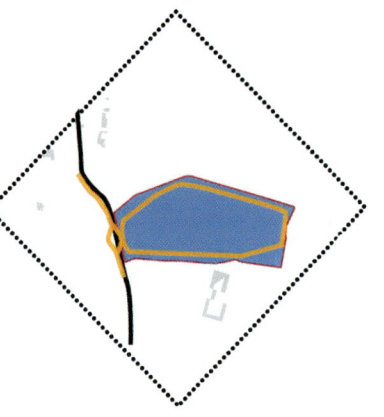

**Casal Boccone
program agreement**

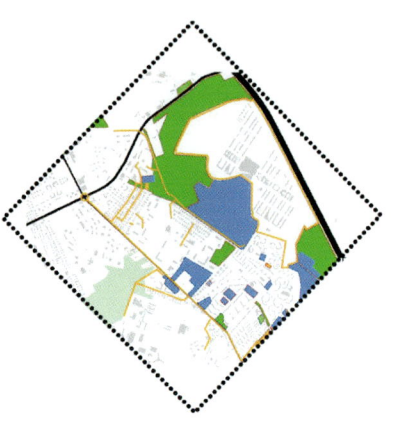

**PRU
San Basilio**

Completion of the big rail ring

**PRINT
Pietralata**

**PRU
Fidene-Val Melaina**

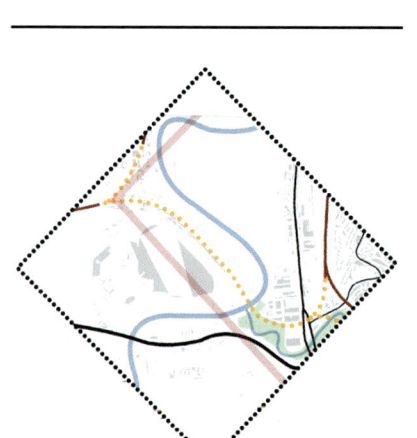

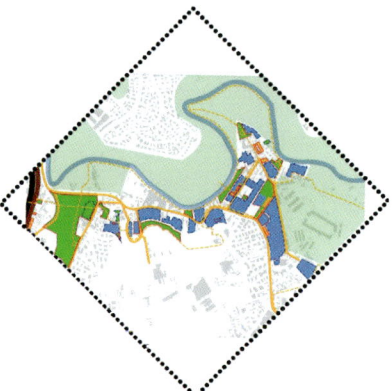

■ Environmental and territory associations

Amici del Tevere
Consorzio Tiberina
Legambiente
Marevivo
WWF
Insieme per l' Aniene
Protezione civile volontari Valle Aniene
Italia Nostra sez. Aniene
Comitato acqua bene comune
Comitato per l' Aniene
#Acqua Viva
#Vivi l'Aniene
#Associazione amici del Monte Ru.
#Piccolo approdo delle volpi
#ASD Vivere Aniene
#Organizzazione Alfa
#Tutela Pipistrelli
#Recupero fauna
#Amici del parco delle Valli
#Non solo cani
#Puliamo il mondo
#ARF
#GreenApsi
#G124
#Associazione per la tutela del parco delle Sabine
#Lipu
#Podere Rosa
#Pagine Rosa

■ Social and cultural associations

#Lungo il Tevere
#Associazione culturale InfoRoma
#Tevereterno
#Discesa internazionale del Tevere
#Gruppo canoa Roma
#Istituto Tevere Roma
#Amici di Roma
#Tevere in bici
#Parco del Tevere Extreme
#Battelli di Roma
#La via del Tevere
#Cresme
#Fare Ambiente
#Vivere l'Aniene
#Vivere a Colli Aniene
#Piccole Orme
#Sentiero Verde
#Tor Sapienza
#Canoa Kayak
#Comitato Aniene città giardino
#Slow Food
#Roma Kayak Mundi
#FICT
#Escursionismo e ambiente
#Canoa Kayak Roma Assex
#Organizzazione Afa
#Associazione Auriga

#Fons perennis
#Pedalando nella storia
#ACA
#Slow bike
#APS
#Interazioni Urbane
#Rebike Altermobility
#Comitato di quartiere Nuovo Salario
#Retake Roma

■ Institutional Players

#Comune di Roma
#Provincia di Roma
#Regione Lazio
#Consorzio di bonifica

#Autorità di bacino
#ARPA Lazio
#Comunità Montana del Tevere
#Comunità Montane dell'Aniene

Social players

di/by D. Caruso, C. Caldarazzo, S. D'Alterio, G. Di Bonito, S. Murolo

Centralities

di/by D. Caruso, C. Caldarazzo, S. D'Alterio, G. Di Bonito, S. Murolo

In queste mappe sono rappresentate le interazioni tra le Microcittà, individuate con criteri di carattere identitario a partire dallo studio del CRESME del 1999, le centralità diffuse riconosciute dalle comunità e le Centralità urbane e locali previste dal PRG vigente.

In these maps are represented the interactions between the micro-cities, identified with identity criteria beginning with the CRESME study in 1999, the widespread centralities recognized by the communities and the urban and local centralities envisaged by the Urban Development Plan in force.

Spread city **Facilities and services** **Widespread centralities**

Centralities network **Microcities**

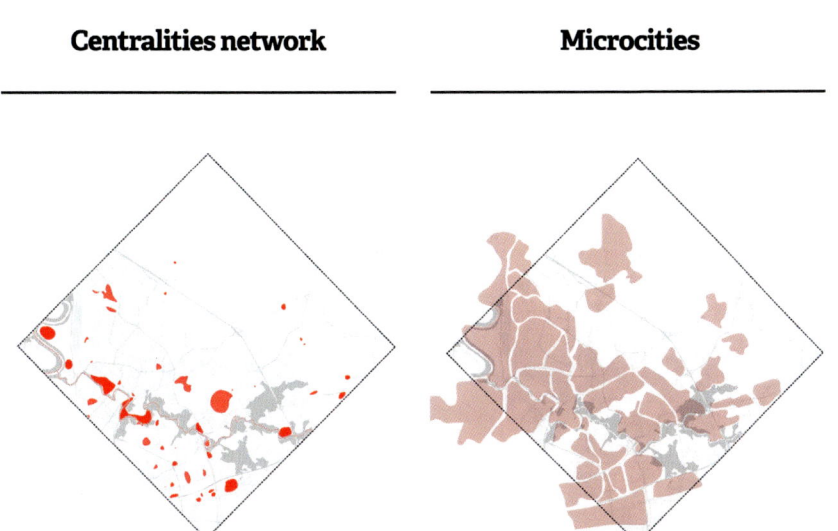

Le visioni selettive hanno consentito di concentrare in una vision d'assieme il senso e gli obiettivi complessivi della rigenerazione urbana del Quadrante 13. In tale vision la "figura" fondamentale è quella di una rete multiscalare di infrastrutture ambientali per dare forma ad una città sempre più resiliente, capace di adattarsi anche alle mutate condizioni climatiche e di costruire una rete di spazi pubblici centrati su alcuni "beni comuni".

È una scelta che trova le sue motivazioni nella specificità dei caratteri fisici e sociali di questo settore della città.

Alla scala geostrategica della dimensione metropolitana le vision si concentrano su alcune azioni sistemiche capaci di dare forza alla struttura geografica e paesaggistica esistente come grande telaio della città contemporanea.

The selective visions allowed the meaning and overall objectives of the urban regeneration of Quadrant 13 to be condensed into an overall vision. In this vision, the fundamental "figure" is the multiscale network of environmental infrastructure to shape an increasingly resilient city, which is even capable of adapting to climate change and of building a network of public spaces centred around "common goods".

It is a choice motivated by the specificity of the physical and social aspects of this section of the city.

At the geostrategic scale of the metropolitan dimension, the visions and projects focus on several systemic actions to strengthen the existing geographical and landscape structure as a large framework of the contemporary city.

Selective visions

Structural objectives	Project actions
Building of two Aniene and Tiber river parks	 Reconfiguration of the purification plant as a landform structure
	 Strengthening of the pedestrian/cycling route
	■ Identification of river park support areas
Protecting and consolidating the existing riparian vegetation	Planting of vegetation consistent with the river environment
	▌←■ Building of supporting penetration paths
	▌— Creation of an intelligent network of grey and white water collection
Redevelopment of the ecological reconnection network	Identification of equipped areas to support the river park
Permeability of the railway barrier	Identification of an overpass to connect the parts
	Identification of pedestrian/cycling track connecting the landmarks of the river park
Identification and securing of controlled flooding areas	
	- - Restoration of the collapsed riverbeds
	▲ Creation of absorption areas

Luoghi interessati e prospettive progettuali:
- la sequenza delle aree golenali del Tevere [il ridisegno "duro" del depuratore di Grottarossa come parco-landform , il ridisegno soft dell'aeroporto dell'Urbe e dell'ippodromo di Tor di Quinto come parchi urbani con vasche anulari o a pettine di laminazione/fitodepurazione, etc.];
- il parco lineare dell'Aniene [il sistema lineare e trasversale degli spazi verdi della Riserva Naturale della valle dell'Aniene, del Parco urbano di Aguzzano, del Parco della Cervelletta, etc.];
- la concatenazione dei pori verdi nell'area di Val Melaina [Parco Petroselli, Parco delle Mimose, Parco delle Sabine, Parco di Largo Labia, Parco della Torricella, etc.].

Places concerned and planning prospects:
- The string of Tiber floodplains [the "hard" redesign of the Grottarossa purification plant as a park-landform, the soft redesign of the Urbe airport and of the Tor di Quinto race-course as city parks with ring-shaped or comb-shaped constructed wetlands, etc.];
- The Aniene linear park [the linear and transversal system of green spaces in the Aniene Valley Nature Reserve, the Parco di Aguzzano, and the Parco della Cervelletta, etc.];
- The chain of green pores in the Val Melaina area [Parco Petroselli, Parco delle Mimose, Parco delle Sabine, Parco di Largo Labia, Parco della Torricella, etc.].

Water confluence, river breathing spaces, large porosity areas, and environmental enlargements

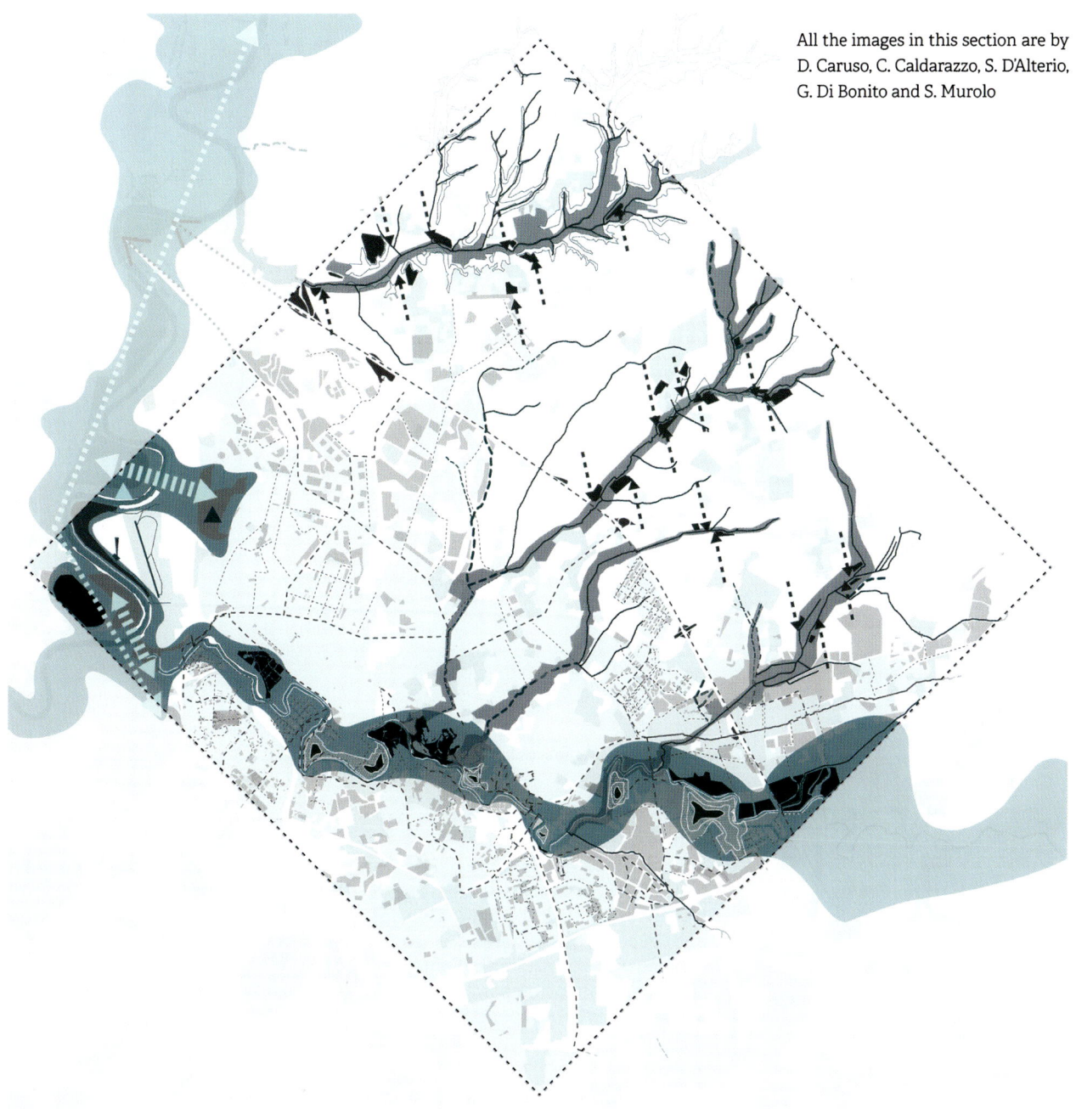

All the images in this section are by D. Caruso, C. Caldarazzo, S. D'Alterio, G. Di Bonito and S. Murolo

Structural objectives	Project actions
▪ To ensure the green agriculture system penetrates the urban areas	Identification of specific penetration routes along the tributaries
	Identification of areas with various nature gradients that can support the building of penetration routes of the rural passageways
	Identification of areas of mediation between the various nature systems within settlement patterns
▪ To reconstruct the ecological continuity between the Marcigliana park nature reservoir and the one located along the rive	Creation of a greenway, or nature trails that intercept the open spaces of the urbanized system at various depths
	Design of connection areas between the penetration routes of the agricultural system and those of the parks located along the river

Large ruralscape and wildescape parks

Luoghi interessati e prospettive progettuali:
▪ il sistema a pettine che dal Parco della Marcigliana, dai paesaggi agrari tradizionali e dagli spazi multifunzionali del paesaggio agrario, delinea un sistema di penetrazioni ambientali tra i tessuti urbani come parchi lineari di agricoltura urbana e periurbana.

Places concerned and planning prospects:
▪ A comb system from the Marcigliana Reserve, the traditional agrarian landscapes, and the multi-purpose spaces of the agrarian landscape to outline a system of environmental infiltrations between the urban fabric as linear parks of urban and suburban agriculture.

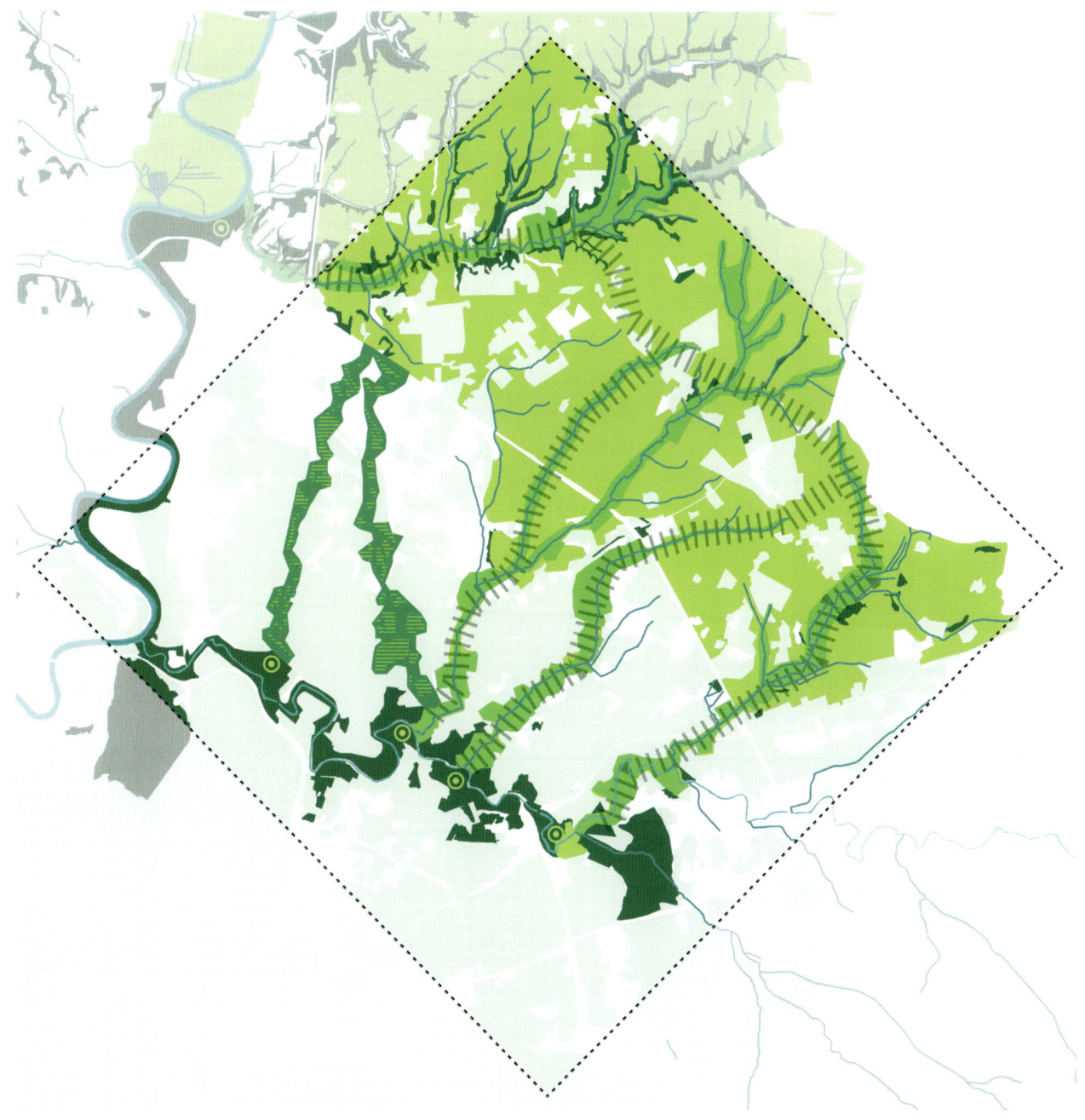

Structural objectives

- Creation of equipped linear parks along the linear backbone of the infrastructure network
- Transformation of the metro stations into local micro-centres and modal interchange spaces
- Reconversion of the metro completion stretch
- Creation of the pedestrian/cycling network
- Improvement of railway accessibility
- Railway permeability
- GRA Ring Road junctions as access gates

Project actions

- Reconversion of abandoned areas
- Redevelopment of interstitial spaces
- Redevelopment of infrastructure segments in disuse
- Reuse and urban permeability beneath the viaducts
- Permeability of the settlement fabric
- Addition of micro equipment and services
- Bike sharing
- Redevelopment of open spaces
- Micro-services added to stops
- New track
- Equipped rest areas
- Barrier/park support areas
- Connecting overpass
- Closure of the railway circuit
- Identification of upland equipment
- Identification of park areas

Luoghi interessati e prospettive progettuali:

- il ripensamento di alcune barriere poste dai grandi recinti monofunzionali e dalle grandi infrastrutture dismesse [e non] come occasione di nuove relazioni urbane tra parti separate;
- la costruzione di spazi adeguati per la mobilità slow;
- il riciclo delle strade come componenti attive della rigenerazione ambientale [come lo smistamento/scalo merci delle FS, il Depuratore Roma Nord Grottarossa e quello di via degli Albertini, il Viadotto dei Presidenti-progetto-pilota di Renzo Piano, il ridisegno delle grandi strade interquartiere sovradimensionate, etc.].

Osmotic and slow infrastructures

Places concerned and planning prospects:

- The reconsideration of several barriers formed by large single-purpose enclosures and by large discontinued [and current] infrastructure as an opportunity for new urban relationships between separate parts;
- The building of suitable spaces for sustainable mobility;
- Recycling of the roads as active components of environmental regeneration [like the FS shunting/railway yard, the purification plants of Roma Nord Grottarossa and Via degli Albertini, the Viaduct of the Presidents pilot project by Renzo Piano, the redesign of the large oversized interdistrict roads, etc.].

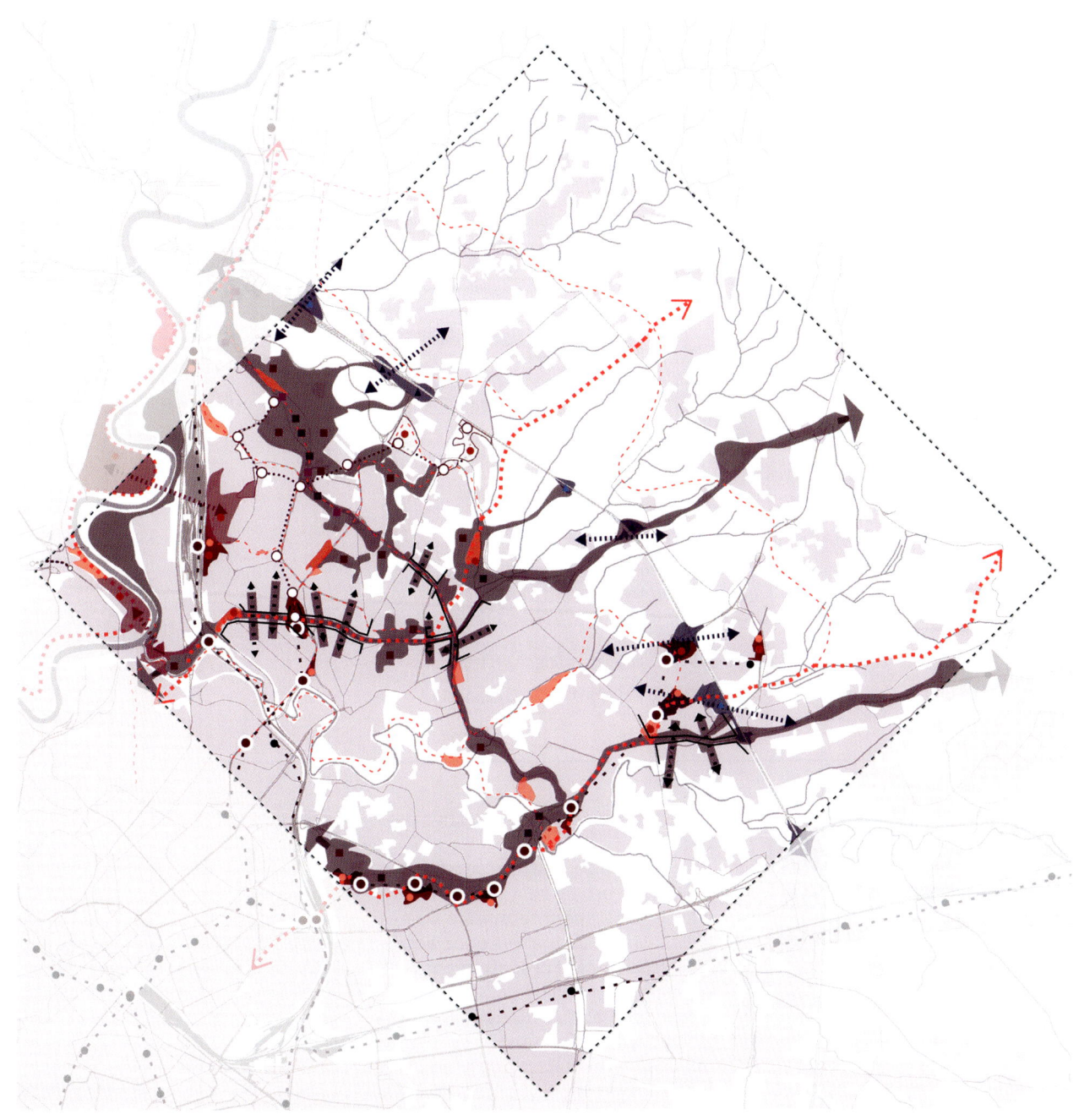

Structural objectives	Project actions
Ecologically oriented regeneration of building heritage along flood risk areas	Building of green roofs Creation of water collection plants
Regeneration of existing open spaces through the rebalancing of permeable and impermeable ground	Introduction of planted green areas Creation of absorption areas and water collection features Redesign of the road section Increase in planted green areas
Redesign of the ecological reconnection network	Building of an intelligent water collection network
Redesign of the river channel	Redesign of the ground Replanting of vegetation in keeping with the wet strip landscape Identification and securing of controlled flooding areas
Permeability of the railway barriera	Identification of overpass to connect the parts 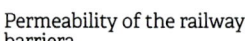 Identification of connection hubs corresponding to each overpass 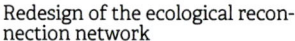 Creation of upland element

Environmental metamorphosis of urban spaces and settlements

Luoghi interessati e prospettive progettuali:
▪ il ridisegno dei "pattern" morfologici dei tessuti urbani adiacenti al Tevere e all' Aniene per determinare strategie e tattiche di rigenerazione ecologico-ambientale e di adattamento alle condizioni di rischio relative all'escursione delle acque fluviali [rinaturazione degli alvei tombati, riciclo delle acque, ripermeabilizzazione dei suoli e innalzamento delle dotazioni di verde, riduzione delle isole di calore e dell'albedo, tetti verdi, etc.].

Places concerned and planning prospects:
▪ The redesign of morphological "patterns" of the urban fabric alongside the Tiber and the Aniene to define ecological-environmental strategies and tactics for adaptation to risk related to the movement of river water [renaturation of collapsed riverbeds, water recycling, re-permeabilisation of the soil and the raising of vegetation, reduction of heat islands and the albedo, green roofs, etc.].

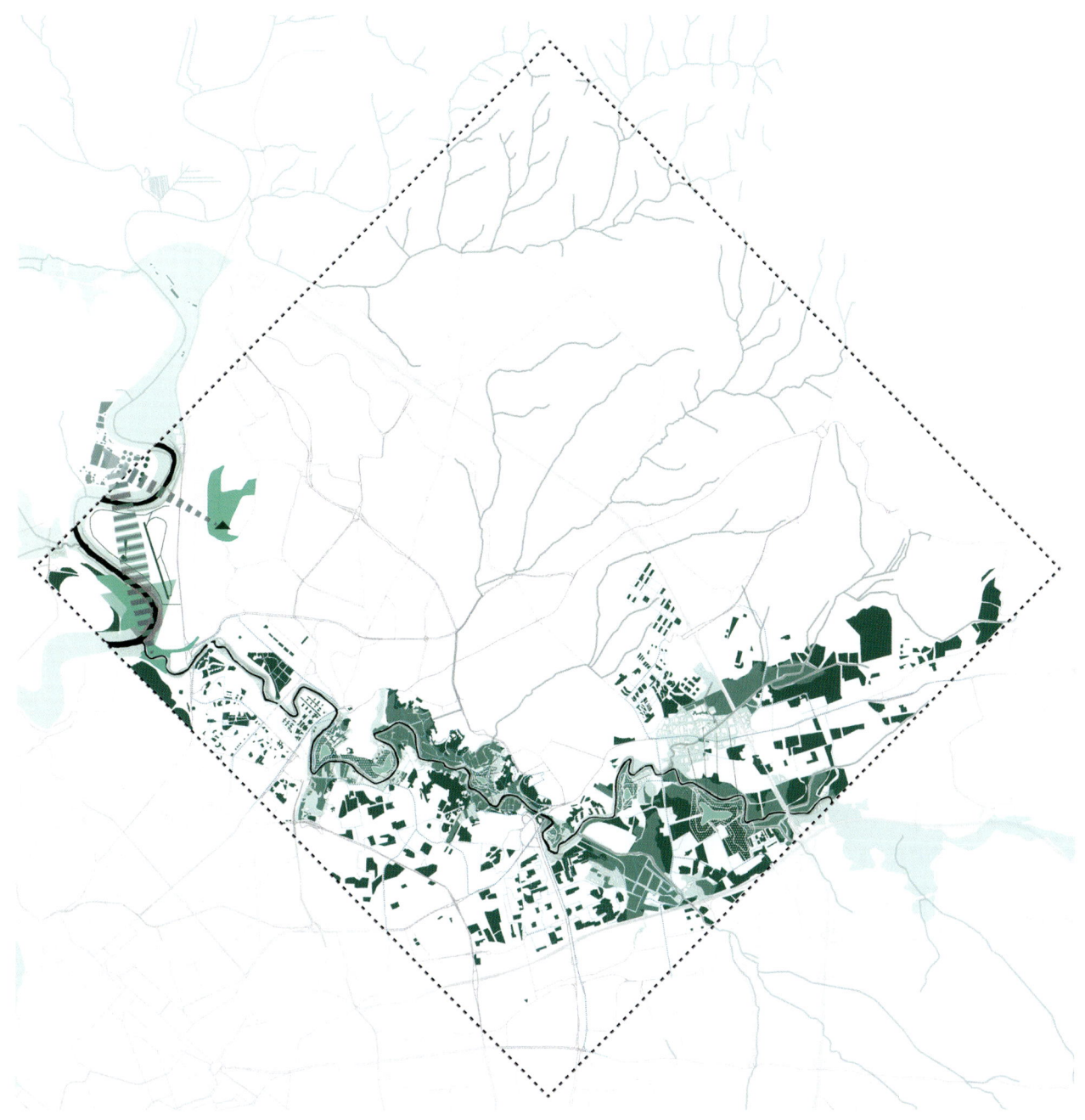

	Structural objectives		Project actions
▦	Introduction of new systems of local and supra-local centrality	●	Reconversion of buildings in disuse
		●	Reconversion of abandoned areas
		●	Reconversion of underused areas
		●	Transformation of drosscapes into park areas, facilities, and services
—	Satisfying the demand for aggregation spaces	●	Identification of informal uses
		●	Reconversion of potential areas
		●	Identification of places for social aggregation
		◀∙∙▶	Identification of commercial routes
	Creation of a network of local and supra-local centres overcoming the boundaries of the current micro-cities		

Infrastructure-attractors of centrality, spaces and networks for new economic activities, facilities and local centres

Luoghi interessati e prospettive progettuali:
- il disegno dei luoghi interessati da processi di trasformazione programmati o potenziali lungo alcune grandi infrastrutture stradali urbane [GRA/Bufalotta, via di Villa Spada, via Tiburtina, via Ugo Ojetti/viale Jonio/via Prati Fiscali, via Galbani/via Graf/viadotto dei Presidenti, via Casal Boccone/via San Basilio] e di quartiere per determinare nuove centralità urbane/locali diffuse nei tessuti urbani delle microcittà a consumo di suolo zero, attraverso il riciclo di edifici dismessi e la metamorfosi funzionale di tessuti monofunzionali.

Places concerned and planning prospects:
- The design of the places affected by processes of planned or potential transformation along large road infrastructure [GRA/Bufalotta, v. di Villa Spada, v. Tiburtina, v. Ugo Ojetti/viale Jonio/v. Prati Fiscali, v. Galbani/v. Graf/"Viaduct of the Presidents", v. Casal Boccone/v. S. Basilio] and district infrastructure to define new urban and local centralities within the urban fabric of the micro cities with no land consumption, through the recycling of abandoned buildings and the functional metamorphosis of single-purpose fabric.

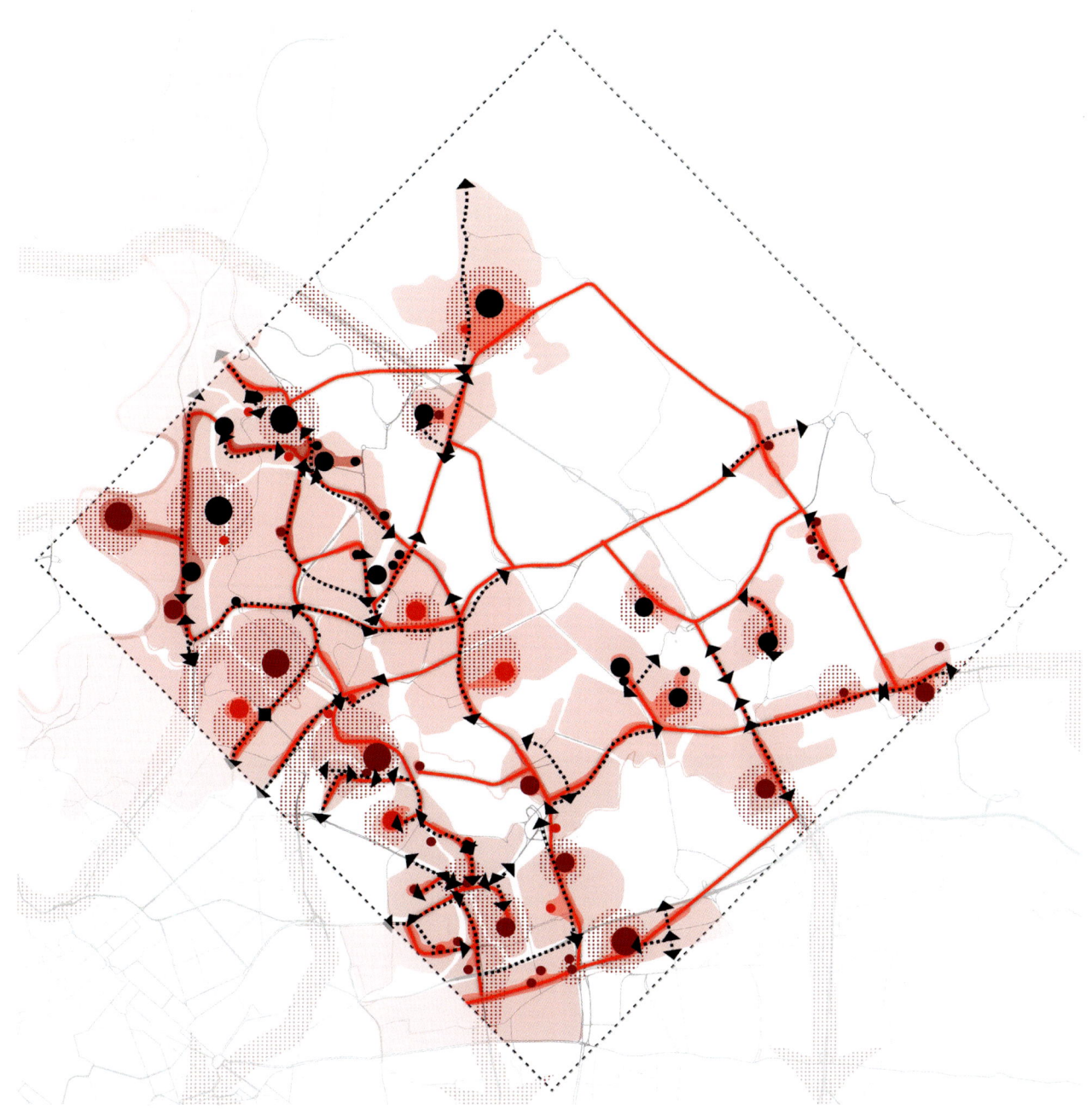

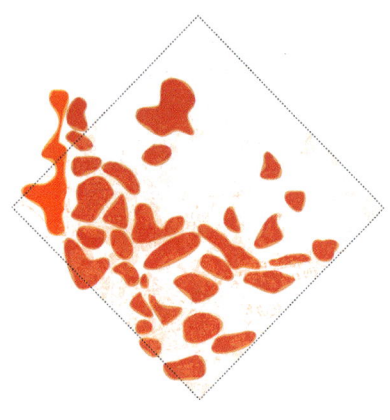	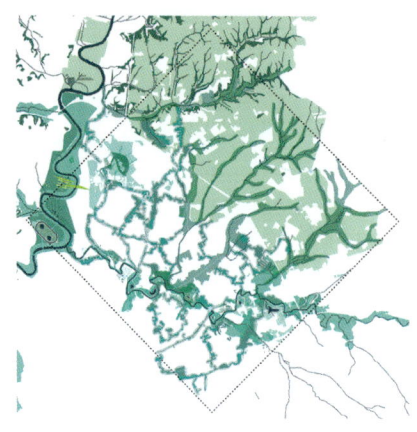	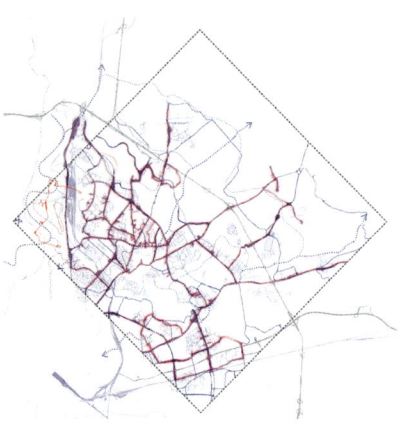
Microcities	**Green and blue infrastructures**	**Slow mobility network**
	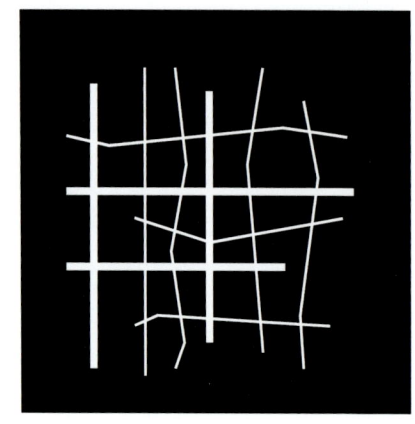	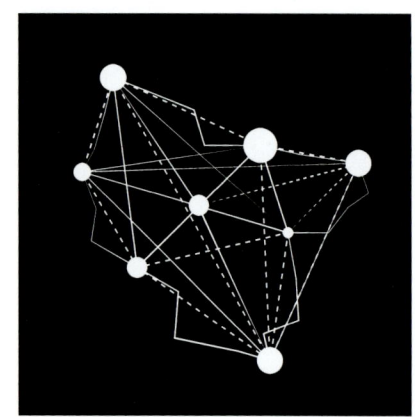

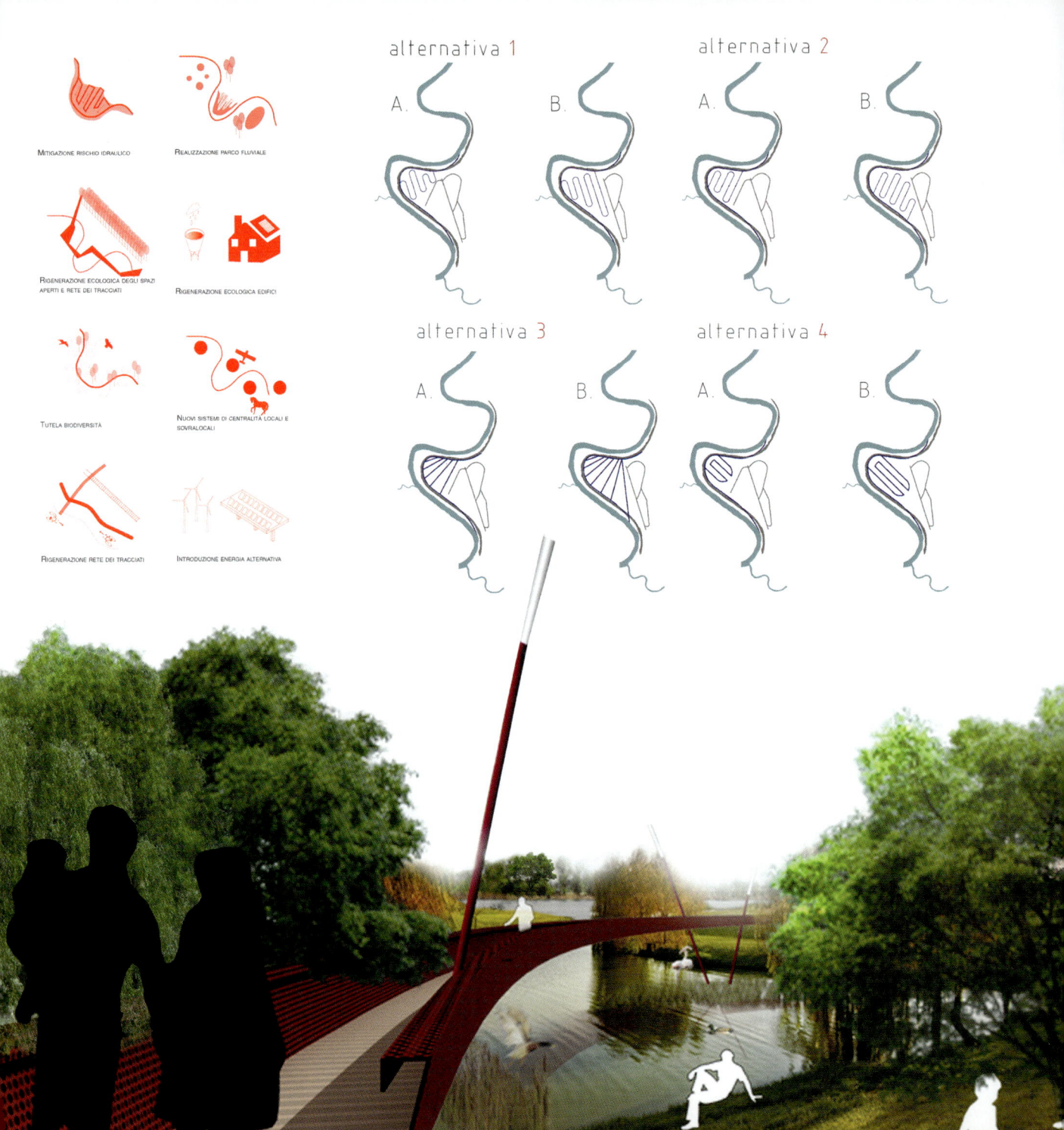

La molteplicità delle esplorazioni progettuali e la concatenazione delle azioni più rilevanti rientrano nel binomio "blu, green and grey infrastructure" e "fast, slow and smart infrastructure" con l'obiettivo di creare un'interazione fertile tra la scala della visione e quella dei progetti a stretto contatto con le tattiche e le pratiche già presenti. Si prova così a dare forma e senso a questi obiettivi e a rendere tangibile l'infiltrazione di tali infrastrutture dentro i tessuti lavorando prioritariamente su alcune aree lungo il Tevere, l'Aniene e il "Viadotto dei Presidenti". Gli obiettivi sono quelli di costruire dispositivi idraulici di esondazione controllata, laminazione e fitodepurazione, di riappropriarsi di ampi spazi aperti conservando l'impronta delle infrastrutture esistenti, di valorizzare la porosità e le relazioni con la città, di sollecitare una progressiva metamorfosi ecologica, architettonica e funzionale dei tessuti.

The variety of project explorations and the connection between the most relevant actions fall within the "blue, green and grey infrastructure" and "fast, slow and smart infrastructure" binomial. The goal is to create a fertile interaction between the scale of the vision and that of the projects in close contact with the tactics and practices already present. We thus attempt to give these goals shape and meaning and to make the infiltration of this infrastructure within the fabric tangible, working primarily in several areas along the Tiber and the Aniene, and the "Viaduct of the Presidents". The objectives are to build controlled flooding devices and constructed wetlands, to take back large open spaces while preserving the imprint of existing infrastructure, to take advantage of the porosity and the relationships with the city, and to encourage a progressive ecological, architectural, and functional metamorphosis of the fabric.

Resilient projects

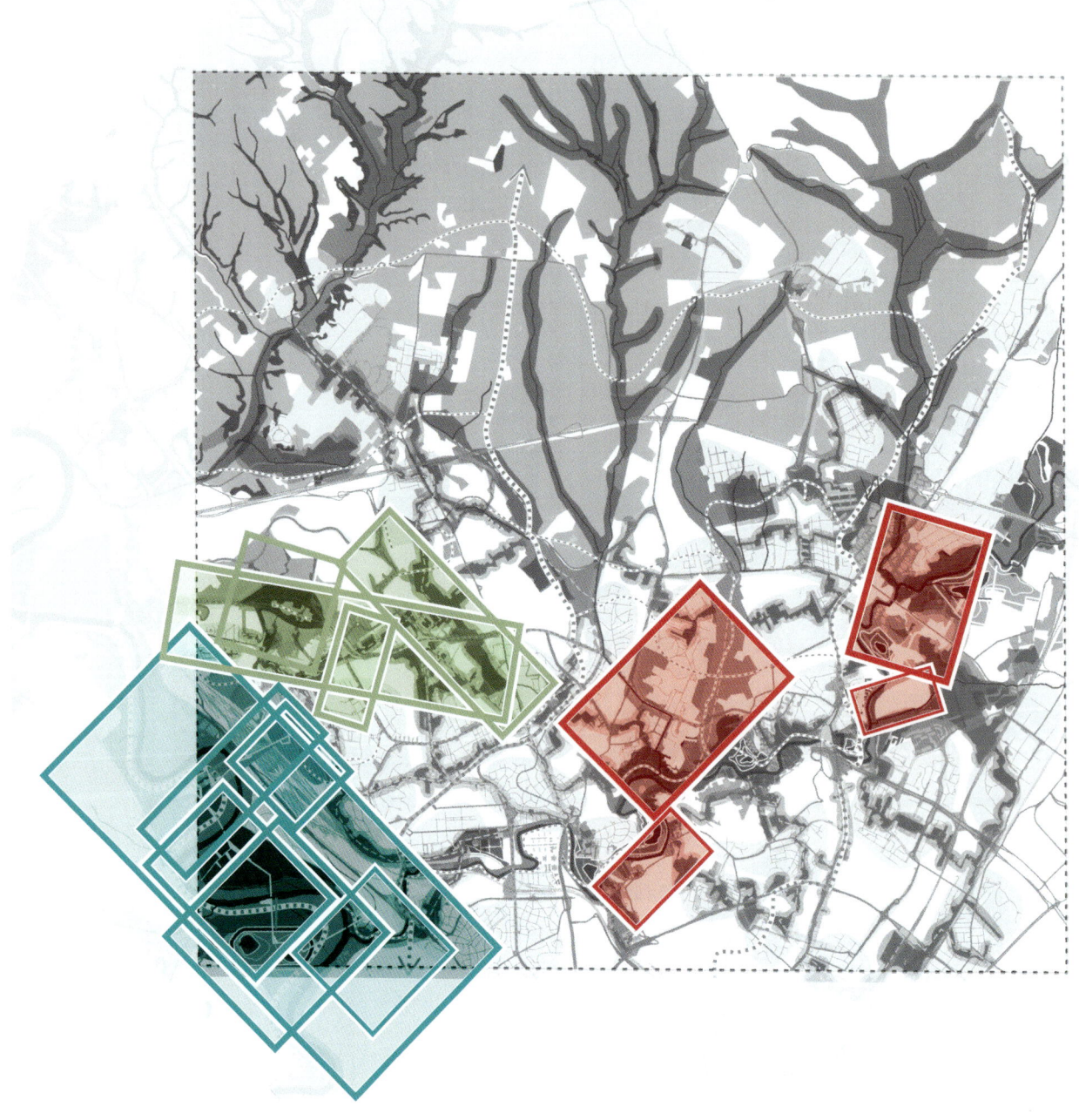

Urban explorations

A hybrid machine and a landscape network in the floodplain area of the Tiber

Ecological reconnection between the natural parks of Marcigliana and Aniene

Recycling the Viaduct of the Presidents

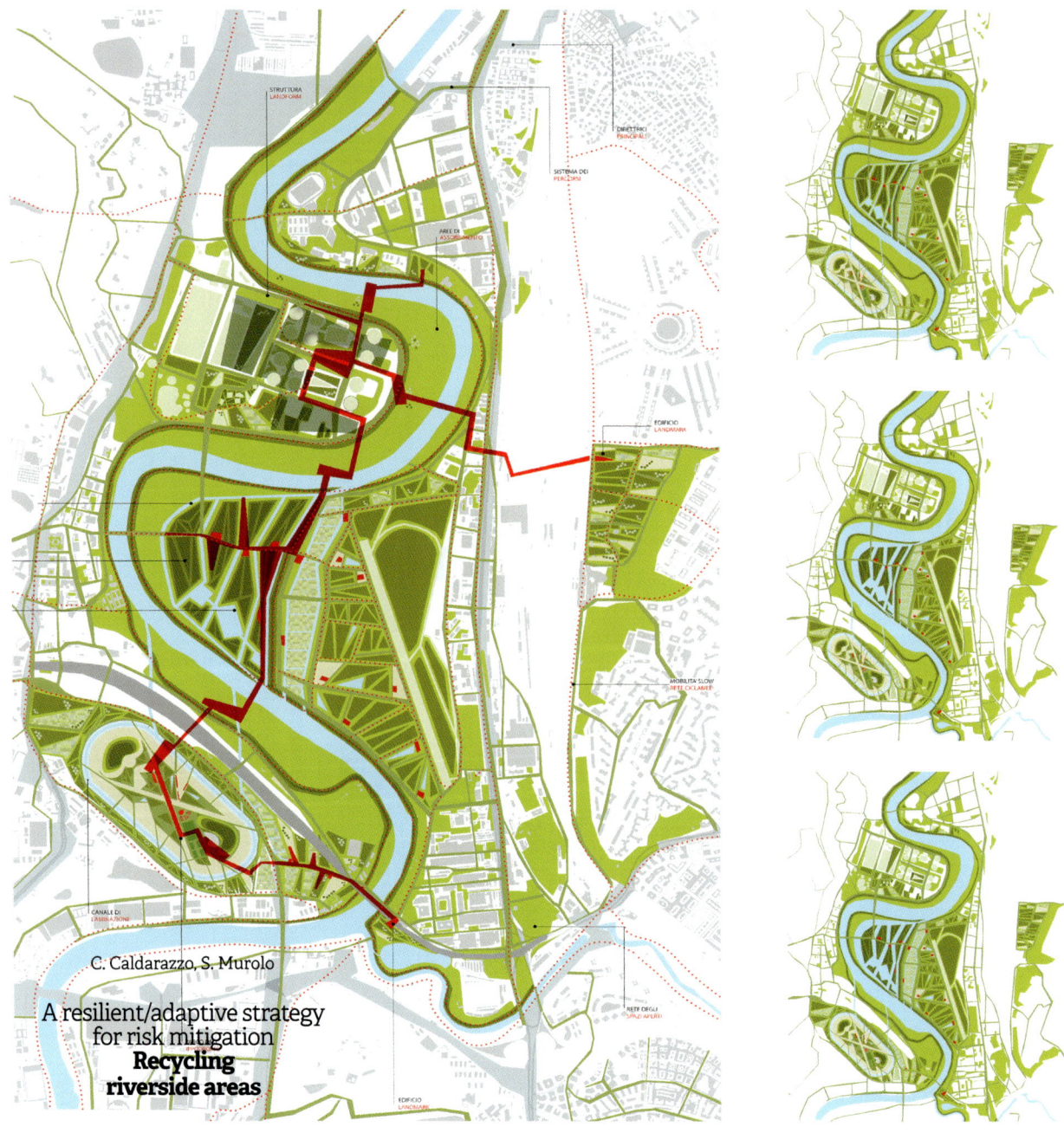

C. Caldarazzo, S. Murolo

A resilient/adaptive strategy for risk mitigation
Recycling riverside areas

Recycling the racecourse area
Green and blue patches for a leisure park

M. Mignola, P. Ruggiero

Permeable platforms
Water monitoring devices

A.G. Castaldo, F. Tuccillo

Landform coverage
Water monitoring devices

F. Canzanella, S. Perna

D. Gallinaro, V. Miraglia

Equipped structures over the railway
Connection building

N. Fierro, F. Vingelli

An incremental strategy for risk mitigation and urban reconnection
Adaptive park in the Urbe airport area

C. Apreda, M. Ascolese
A. Bernieri, M. Castigliano
M.L. Manzi, M. Miano
M. Prisco, L. Romano

Urban fringe facilities
in Aguzzano park
Urban park strips

**New connection
and centralities**
A connection between
urban green spaces

T. Cappuccio, S.P. Iacoviello

Resilient framework and network
New mitigation scenarios in the Tiburtina Valley

M. Longobardi, C. Pengue

L. Boisennin, C. Percina

Requalification of green areas and reconnection of urban fabric
Reconnection of green urban spaces

New landscapes along the Aniene rivers
A treatment plant coverage to rebuild landscape continuity

A. Arena, C. Barbieri
P. De Rosa, G. Giordano
F. Nocca, M.C. Rapalo
J. Rouhi, P. Vanni

M. Cecere, I. Mascolo

Urban linear park from Marcigliana to Aniene
Linear collage city

Public spaces and urban relationships
Actions to reconnect fragmented spaces

M. Basile, V. Parrotta

G. Centore

A new thematic park on the "Viaduct of the Presidents"
Phytoremediation islands

Alternative infra uses
New functions for viaduct spaces

E. Montone, S. Sodano

E. Angiolilli, A. Ranieri

A park to reconnect urban neighborhoods
New urban morphologies

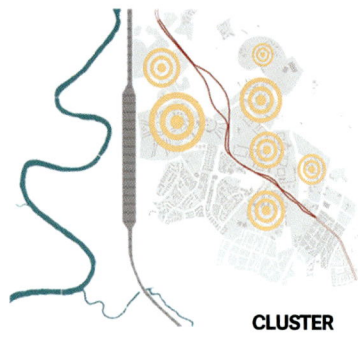

CLUSTER

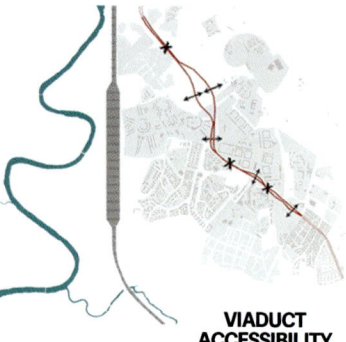

VIADUCT ACCESSIBILITY

GREEN CONNECTIONS

New connections in the city
A connection between urban green spaces

A. Acampora, G. Poli
S. Quagliano, M. Russo
A. Nigro, F. Melis, V. Pagnini

The recycling of infrastructure as the multiscale armature of of new landscapes[1]

Di/By Daniele Caruso, Stefania D'Alterio, Gabriele Di Bonito

Il sistema infrastrutturale costituisce la componente strutturante più rilevante dell'armatura urbana del quadrante nord-est della città, esito anche del sovradimensionamento della rete stradale realizzata con la costruzione della città pubblica, dal dopoguerra ad oggi, così come evidenziato in alcune Mappe e Visioni illustrate in questo libro. In questa fase storica di contrasto a ulteriori processi di consumo di suolo e di nuovi approcci alle domande di accessibilità diffusa, il ripensamento di tale sovradimensionamento costituisce una sollecitazione fertile per progetti di riciclo delle infrastrutture compatibili con le nuove prospettive di mobilità dolce e di qualità ambientale degli spazi urbani. L'eterogeneità del paesaggio infrastrutturale è generata dalla compresenza del sistema ferroviario e stradale, entrambi caratterizzati in alcuni tratti, da condizioni di cesura e da episodi eclatanti di grandi opere pubbliche incompiute. Le infrastrutture di trasporto hanno indirizzato il disegno del territorio e hanno generato in quest'area un modello composto da più livelli: le consolari come direttrici radiali, il Grande Raccordo Anulare posto come spartiacque tra la campagna romana e i tessuti delle aree urbanizzate e, non ultimo, il Viadotto dei Presidenti quale asse di collegamento tra Roma nord e Roma sud, realizzato negli anni Novanta ma modificatosi rispetto all'idea originaria e rimasto incompiuto nella sua sezione complessa. Il Viadotto dei Presidenti rappresenta l'oggetto di diverse sperimentazioni di recupero urbano succedutesi negli ultimi vent'anni ma mai concretizzatesi – tra cui la più recente è quella promossa da Renzo Piano con il progetto G124 "Sotto il viadotto" - e diviene l'elemento focale anche del progetto di riciclo qui presentato. La visione strategica proposta punta a creare un sistema poroso, capillare e multimodale dell'accessibilità basato principalmente sulla connessione tra la linea metropolitana B1, in corso di completamento, e il Viadotto dei Presidenti ridisegnato attraverso l'inserimento di un nuovo tracciato tranviario e di una rete ciclo-pedonale che svolgono una funzione di riconnessione tra le diverse parti della città pubblica oggi separate.

L'obiettivo caratterizzante e qualificante è la variazione del ruolo del viadotto da barriera a tracciato osmotico, una spina portante che si struttura sia in senso longitudinale, che trasversale fungendo da strumento di ricucitura tra le parti. Un racconto composto di sequenze con sezioni di paesaggio variabili che lavorano sulla compressione/dilatazione degli spazi pubblici superando la dimensione standardizzata e monofunzionale dell'infrastruttura stradale originaria. Il progetto punta quindi a ripensare anche il senso e il significato dell'infrastruttura a diverse scale introducendo una nuova dimensione valoriale di tipo ecologico, sociale ed estetico che supera l'esclusivo ruolo tecnico-viabilistico attualmente svolto dal viadotto.

L'inserimento del tracciato tranviario prevede quattro stazioni, due in corrispondenza dei capolinea e due intermedie, ciascuna delle quali termina in due punti focali del racconto lineare/trasversale, una struttura di natura ipogea che accoglie il tram e le funzioni pubbliche connesse e un edificio *landmark* che, di contro, riveste un ruolo di riferimento spaziale di forte visibilità.

La rete ciclopedonale è strutturata su una doppia maglia che consente l'attraversamento delle parti urbane adiacenti al viadotto in senso longitudinale e trasversale, intercettando la sequenza degli spazi aperti che divengono il supporto del racconto e, al contempo, il tessuto connettivo e funzionale determinante nella costituzione dell'identità dei luoghi.

Gli spazi aperti sono quindi assunti come spazi pubblici per eccellenza, in cui rientrano a pieno titolo anche quelli privati che, seppur dotati di un'autonoma dimensione gestionale, esprimono con essi una sostanziale integrazione e continuità ambientale. La ricucitura trasversale diviene più forte a metà del percorso del viadotto, nel punto in cui esso viaggia in rilevato, permettendo in tal modo una connessione che si snoda su un doppio livello e che consente usi differenti, rispondendo sia alla domanda esclusivamente funzionale e di natura trasportistica, sia alla dimensione ecologica e sociale.

Con riferimento a quest'ultima si prevede la realizzazione di un parco lineare composto da una sequenza di aree verdi differenti tra loro per configurazione e uso.

Il progetto è sintonizzato con le domande poste dalla questione ambientale emergente, con una specifica attenzione alla conservazione e al riciclo di alcune risorse, a partire dall'acqua, e alla mitigazione di alcune criticità sempre più evidenti con i cambiamenti climatici in atto. Permeabilità dei suoli per il ripascimento della falda e l'assorbimento dei picchi di piovosità, nuove dotazioni vegetali, sistemi di riciclo delle acque bianche e grigie, mitigazione delle isole di calore, sono alcune delle azioni necessarie per rispondere efficacemente a tali domande. La multiscalarità e la multifunzionalità del progetto di riciclo dell'infrastruttura divengono fattore propulsivo di un più ampio processo di rigenerazione urbana, rafforzando il ruolo di telaio ecologico e ambientale della città, rispondendo al contempo anche alla domanda di servizi e di nuove economie locali da parte delle comunità.

---

1. Tesi di laurea in Pianificazione Territoriale, Urbanistica, Paesaggistica e Ambientale (PTUPA) dell'Università Federico II di Napoli (relatore prof. Carlo Gasparrini, correlatore arch. Anna Terracciano), anno accademico 2015-2016, inserita nell'ambito del Workshop internazionale "Roma 20-25. Nuovi cicli di vita della metropoli".

The system of infrastructure is the most significant structural component in the urban armature of the northeast quadrant of the city. This is a result, in part, of the over-sized road network built from the postwar period until today, as a result of the public housing district, as shown in some of the maps and visions illustrated in this book. In this historic phase of opposing further land consumption and of new approaches to the demand for widespread access, a reconsideration of this over-sizing is fertile ground for infrastructure recycling projects that are compatible with the new prospects of sustainable transport and environmental quality of urban spaces. The infrastructural landscape is diversified by the co-existence of the railway and road systems, both containing interrupted stretches and large eye-catching scenes of unfinished public works. The transport infrastructure guided the design of the territory and generated a multilayer model in this area: the consular roads as radial routes, the GRA Great Ring Road separating the Roman countryside from the urbanized fabric and, last but not least, the Viaduct of the Presidents as a route connecting North and South Rome, built in the 1990s but altered from the original idea, with its complex section remaining unfinished. The Viaduct of the Presidents has been the subject of various successive unrealized urban renewal attempts over the last twenty years — the latest of which promoted by Renzo Piano with the G124 project "Under the Viaduct" — and is also the focus of the recycling project presented here. The proposed strategic vision aims to create a porous, widespread and multimodal access system based primarily on connecting the B1 metro line, which is currently being completed, with the Viaduct of the Presidents — redesigned with the addition of a new tramline and pedestrian/cycling network to reconnect the different parts of the public housing district that are currently separated.

The distinguishing and qualifying objective is to change the role of the viaduct from barrier to osmotic layout — a load-bearing spine wall organized both longitudinally and transversally, acting as a tool to restitch the parts. It is a narrative, consisting of sequences with variable sections of the landscape, which work on the compression/expansion of public spaces, going beyond the standardized single-purpose dimension of the original road infrastructure. The project thus also aims to reconsider the meaning of the infrastructure on different scales, introducing a new dimension of ecological, social and aesthetic value that goes beyond the exclusively technical-traffic role the viaduct currently plays.

The addition of the tramline envisages four stations — two at the ends of the line and two intermediate ones, each terminating in two focal points of the linear/transverse narrative — an underground structure housing the trams and connected public functions, and a landmark building which, conversely, provides a highly visible spatial point of reference.

The pedestrian/cycling network is organized on a dual mesh that allows the urban sections bordering the viaduct to be crossed longitudinally and transversally, intercepting the sequence of open spaces supporting the narrative and, at the same time, the crucial connective and functional fabric that establishes the identity of the places.

Open spaces are thus adopted as public spaces *par excellence*, rightfully including private spaces, which, although being managed autonomously, are substantially integrated with them, providing environmental continuity.

The transversal mending becomes stronger halfway along the route of the viaduct, where it is raised onto the embankment, thus enabling a connection that unwinds on two levels and allows different uses, responding both to functional and transport demands, and to an ecological and social dimension. With reference to the latter, the creation of a linear park has been envisaged, made up of a sequence of green areas differing in their configuration and use.

The project is in tune with the demands arising from emerging environmental issues, with a particular focus on conserving and recycling resources, starting from water, and on mitigating some of the critical issues that are becoming increasingly evident with the climate changes underway. Soil permeability for groundwater replenishment and the absorption of peak rainfall, new plant provisions, white and grey water recycling systems, and mitigation of heat islands are some of the actions needed to effectively respond to those demands.

The multiscale and multipurpose nature of the infrastructure recycling project becomes the driving force for a more extensive urban regeneration process, strengthening its role as the ecological and environmental framework of the city, at the same time also responding to the communities' demand for services and new local economies.

1.Degree thesis in Territorial, Urban, Landscape and Environmental Planning (PTUPA) at the University of Naples Federico II (supervisor Professor Carlo Gasparrini, assistant supervisor Architect Anna Terracciano), 2015-2016 academic year, within the scope of the international workshop "Rome 20-25. New Life Cycles for the Metropolis".

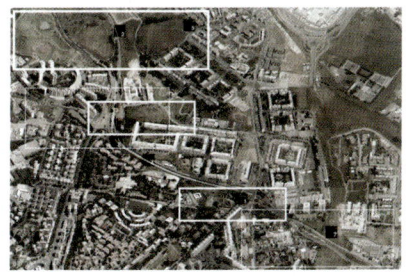

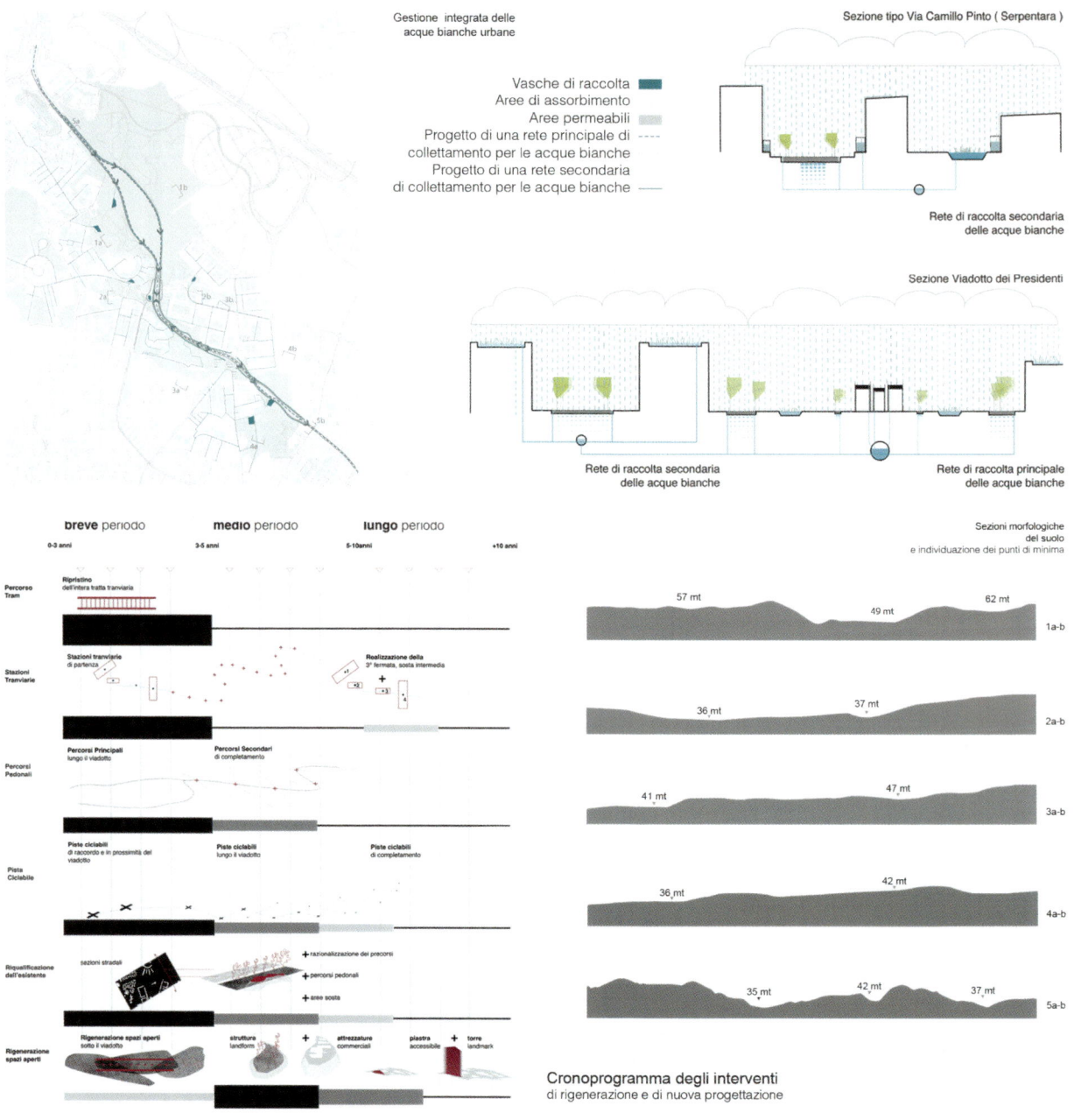

Recycling the Viaduct of the Presidents
The Recycling of Infrastructure as the Multiscale Network of New Landscapes

Landform framework **Urban park** **Landmark**

A footnote

di/by Michelangelo Russo

Il progetto della città e del suo futuro costituiscono uno dei temi di maggiore spessore per la ricerca in un dottorato multidisciplinare. Nella formazione alla ricerca, l'idea di progetto deve essere trattata in modo da moltiplicarne i significati, i limiti, le potenzialità: non è riferito esclusivamente alla modificazione fisica dello spazio della città, ma riguarda una dimensione del discorso ampia, intersettoriale, multiscalare, interdisciplinare. Il progetto diviene oggetto di dialogo tra provenienze e saperi e coinvolge le discipline che conformano la cultura della città, ne descrivono la storia, ne esaminano le potenzialità nel costante confronto tra patrimonio e innovazione, tra marginalità e centralità. Il progetto consente un accesso multilaterale alle complesse questioni della cultura urbana e – come indicato da alcune delle riflessioni emerse nel workshop sul Quadrante della confluenza tra il Tevere e Aniene – definisce un sistema di opportunità di natura plurale che coinvolgono la città, il suo spazio e il suo ecosistema, ma anche i soggetti, i processi e i complessi rapporti che attendono alle loro relazioni, alle risorse e alle potenzialità del cambia-

1. Riferimenti progettuali per una strategia resiliente-adattiva alla mitigazione del rischio idraulico. Elaborazione a cura di Claudia Caldarazzo e Serena Murolo.

1. Project references for a resilient-adaptive flood risk mitigation strategy. Graphic by Claudia Caldarazzo and Serena Murolo.

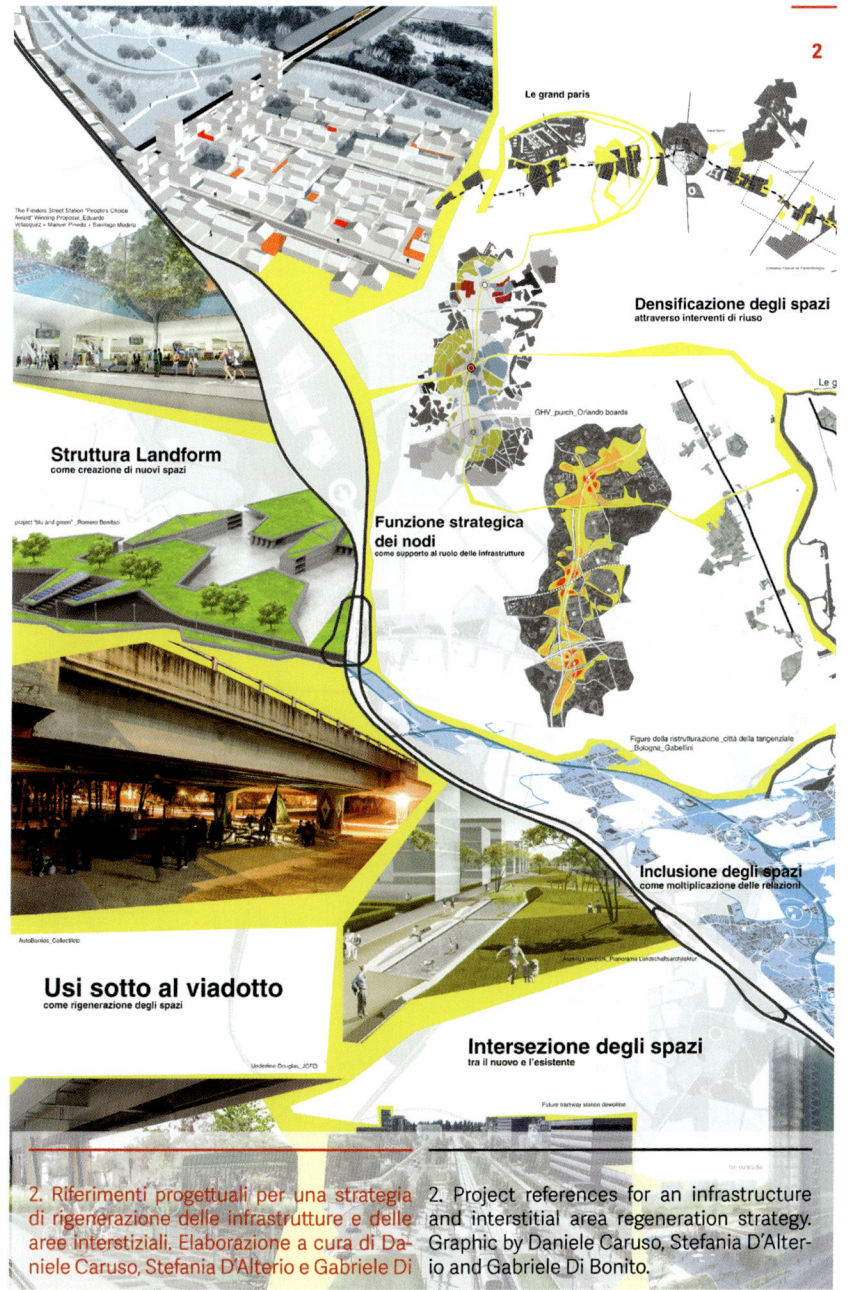

2. Riferimenti progettuali per una strategia di rigenerazione delle infrastrutture e delle aree interstiziali. Elaborazione a cura di Daniele Caruso, Stefania D'Alterio e Gabriele Di

2. Project references for an infrastructure and interstitial area regeneration strategy. Graphic by Daniele Caruso, Stefania D'Alterio and Gabriele Di Bonito.

Planning the city and its future is one of the most important research topics in a multidisciplinary doctorate. In research training, the project idea must be treated so as to multiply its meanings, limits, and potential: it does not refer exclusively to the modification of the city space but concerns an extensive, cross-sectoral, multi-scale, and interdisciplinary subject dimension. The project becomes the subject of dialogue between origin and knowledge and involves the disciplines that shape the culture of the city, tell its story, and examine its potential in the constant exchange between heritage and innovation, marginality and centrality. Planning allows multilateral access to the complex issues of urban culture and — as shown by some of the reflections that have emerged in the workshop on the Quadrant of confluence between the Tiber and Aniene — defines a system of opportunities of a plural nature concerning the city, its space and ecosystem, as well as the players, processes, and complex relationships that deal with their relationships, resources and the potential for change.

Art, space and society along the banks of the Tiber

di Valeria Sassanelli

Il Tevere ha costituito la ricchezza e la vitalità di Roma come via di comunicazione e infrastruttura economica portante ma anche come suo simbolo e mito originario. Negato alla città dalla realizzazione dei muraglioni Sabaudi, il suo tratto urbano ha perso gli usi e i valori condivisi che lo hanno animato per millenni e oggi i romani lo riconoscono difficilmente come spazio pubblico della città. Ridotto unicamente a infrastruttura idraulica, può essere considerato una periferia nel cuore di Roma, una presenza fantasmatica spesso nemmeno visibile dalla città a causa delle sue proporzioni spaziali e della singolare potatura asimmetrica dei platani sui Lungotevere.

Il Tevere a Roma può tuttavia rappresentare la componente strutturante e qualificante di un sistema di spazi pubblici, dai caratteri più naturalistici dell'Aniene, delle aree golenali e dei fossi a monte e a valle della città storica, agli spazi più minerali e urbani del tratto regolarizzato e indurito dai muraglioni Sabaudi. L'asse portante cioè di un più ampio telaio di infrastrutture blu e verdi che innerva la città nel suo insieme. Questo ruolo è stato riconosciuto esplicitamente dal PRG vigente attraverso il racconto e le scelte dell'Ambito di programmazione Strategica Tevere[1] e della Rete Ecologica urbana, ma anche da alcuni progetti del Comune di Roma trasversali alle sue sponde[2]. Molte sono le proposte, i concorsi e i progetti che hanno interessato il Tevere a Roma nei passati decenni, compresa l'esperienza del Workshop "Roma 20-25" nei quadranti attraversati dal fiume.

Poche e frammentarie però sono le attuazioni concrete e ancor meno tangibile ed efficace la capacità di gestione attiva dello spazio pubblico fluviale. Infatti lo stato in cui versa il Tevere mostra oggi con evidenza quanto sia debole o ignorato il suo ruolo nel territorio urbano e periurbano, richiamato alle cronache per le storie di marginalità e crescente violenza lungo le sue sponde oppure per l'incapacità della città costruita di assorbirne la forza e l'escursione naturale, accentuata dai cambiamenti climatici. L'appello all'assenza di politiche e di governo e all'urgenza di intervenire si traduce di norma solo in azioni di carattere emergenziale. Appare evidente l'assenza di una visione di città pubblica adeguata alla contemporaneità delle domande e dei soggetti e che non può essere affidata solo al pur importante monitoraggio tecnico [ambientale, idraulico e ingegneristico] o al PS5 dell'Autorità di Bacino, unico piano complessivo per il sistema fluviale ma settoriale e scarsamente integrato con altri livelli di pianificazione. La pletora di soggetti e competenze che si sovrappongono sul Tevere e talvolta confliggono tra loro, l'assenza di un coordinamento tra questi soggetti ma anche tra le comunità locali e le associazioni che, a vario titolo, si occupano del Tevere e l'assenza di uffici di scopo ai vari livelli dell'Amministrazione rendono molto complessa la "governance" del fiume. Una marginalità culturale, prima ancora che gestionale, che produce effetti perversi anche sull'assenza di trasparenza degli usi privati concessi per questo grande bene demaniale. In questo quadro contraddittorio tra fertilità dei progetti e complessità gestionale, si sono attivati negli anni una serie di soggetti sociali e culturali, molto diversi fra loro e fortemente motivati, capaci di sollecitare usi e valori contemporanei condivisi attorno a questo bene comune. Usi collettivi delle banchine del Tevere nella città storica che sarebbero favoriti dalla loro pulizia, da un'accessibilità migliorata, dalla sicurezza dei luoghi, dal disinquinamento dell'acqua ma anche da una programmazione densa e continuativa di attività culturali in una sinergia di proposte condivise con le istituzioni. Sono nate così iniziative sportive, ludico-ricreative, culturali e artistiche, promosse da differenti comunità come quelle dei ciclisti per una riscoperta della mobilità dolce in città, quelle che si dedicano al decoro urbano, quelle di natura ambientalista, quelle di salvaguardia dei valori identitari di quartiere e quelle culturali. Iniziative che riaccendono i riflettori su parti inutilizzate della città e che possono avere una maggiore libertà e incisività nel prefigurare scenari futuri.

In questo contesto si inserisce l'Associazione TEVERETERNO[3] Onlus che lavora dal 2004 per la valorizzazione del Tevere a Roma come grande spazio pubblico, oggi negato e sottoutilizzato, a partire dal tratto compreso tra Ponte Sisto e Ponte Mazzini che è stato nominato "Piazza Tevere" dall'Associazione. Affinché la città possa riappropriarsi di questo luogo straordinario TEVERETERNO si muove a tutto campo riconoscendo la centralità di tre principali ambiti di attività: grandi eventi artistici [*Arte*], attività ed eventi culturali di rivitalizzazione e qualificazione dello spazio pubblico [*Spazio*], attività di sensibilizzazione e coinvolgimento culturale, sociale e ambientale [*Società*].

Nel primo ambito [*Arte*] rientrano soprattutto eventi "site-specific" che rappresentano i picchi più alti della promozione artistica dell'Associazione e la sua stessa immagine a livello internazionale. Negli anni tali eventi a Piazza Tevere sono stati affidati ad artisti di tutto il mondo e hanno portato migliaia di romani e turisti a contatto con il fiume. Quello di maggiore risonanza è stato il grande fregio di 500 metri "Triumphs and Laments" di William Kentridge del 2016. A partire dall'evento inaugurale del 2005, Solstizio d'estate dell'artista e fondatrice Kristin Jones, si sono susseguiti "Ombre dal lupercale" con Kiki Smith e Walter Branchi; "Jenny Holzer: for the Academy; Flussi correnti" con David Monacchi e Steve Reich; "Trilogy: the She Wolf as Shape of Time"; "Chance Encounter" di Robert Hammond; "Waterfire" di Barnaby Evans. Tutti eventi effimeri che non modificano lo spazio se non temporaneamente, narrazioni sempre rinnovate di uno stesso luogo che possono aiutare a riguardarlo con occhi sempre diversi. Le attività relative allo *Spazio* costituiscono il tessuto connettivo principale del rapporto tra l'Associazione e la città per la costruzione dello spazio pubblico fluviale dalla scala del quartiere a quella urbana, a una più ampia platea nazionale e internazionale. Rientrano in questo ambito le performance e gli eventi culturali, i concorsi di architettura e altre arti, i festival e i convegni tematici, la ricerca. Appuntamenti annuali importanti come quello di TEVERETERNO per Open House Roma, molto atteso e seguito dai cittadini, contribuiscono a consolidare l'uso dello spazio fluviale. Il terzo ambito [*Società*] include quelle attività di tipo relazionale e comunicativo che mirano a costruire reti con altre associazioni, università e scuole, per una convergenza di obiettivi sulla riappropriazione dello spazio pubblico fluviale. Tra queste le forme di comunicazione web, gli eventi di carattere culturale e ambientale, la realizzazione e gestione di APP per sollecitare l'uso continuativo dello spazio e la creatività, le attività editoriali e le attività di alta formazione. Grazie a queste attività Piazza Tevere è entrata nell'immaginario collettivo dei romani come toponimo riconosciuto e utilizzato da parte di cittadini e amministratori che guardano al Tevere con occhi nuovi. Oggi ci si può incontrare ai piedi del fregio di Kentridge - con la sua narrazione della storia millenaria di Roma realizzata sui muraglioni con semplice idropulitura - e passeggiare per ammirarlo godendo di una pausa dal rumore e dalla frenesia della città in un ambiente naturale-artificiale straordinario. Si sono consolidati gli obiettivi che per anni l'associazione ha perseguito, e cioè il riconoscimento che lo spazio pubblico fluviale meriti una qualificazione ma anche la consapevolezza che l'arte contemporanea possa essere un catalizzatore per la rigenerazione urbana. La continuità degli usi dello spazio lungo il fiume e il rafforzamento delle connessioni trasversali che lo attraversano costituiscono gli elementi comuni di una strategia di qualificazione che potrà concretizzarsi sia con opere discrete, a basso costo e autofinanziate, sia con interventi più consistenti per valorizzare la qualità ambientale e storico-culturale di questo bene comune unico avvalendosi anche di fondi pubblici. Recuperare una dimensione narrativa, evocativa ed esperenziale può indurre una percezione e un uso dello spazio pubblico diversi, grazie alla capacità di attivazione dei cittadini che animano quello spazio come protagonisti della sua vitalità.

---

1. Cfr. PRG di Roma Capitale [approvato nel 2008], Progetti strutturanti, "I4. Ambito di programmazione Strategica Tevere", responsabili scientifici prof. arch. C. Gasparrini e prof. arch. M. Manieri Elia.
2. Cfr. Roma Capitale, U.O. n.6 Ufficio per la Città Storica, Capo progetto arch. G. Farina, "Trasversale Gianicolo-Moretta" [progetto preliminare approvato nel 2008] e "Trasversale Aventino" [progetto realizzato per il primo stralcio]. Gruppo di progettazione: prof. arch. C. Gasparrini e prof. arch. M. Manieri Elia [Responsabili scientifici]; arch. F. Mossa, arch. P. Pineschi, arch. P. Pulcini.
3. www.tevereterno.org

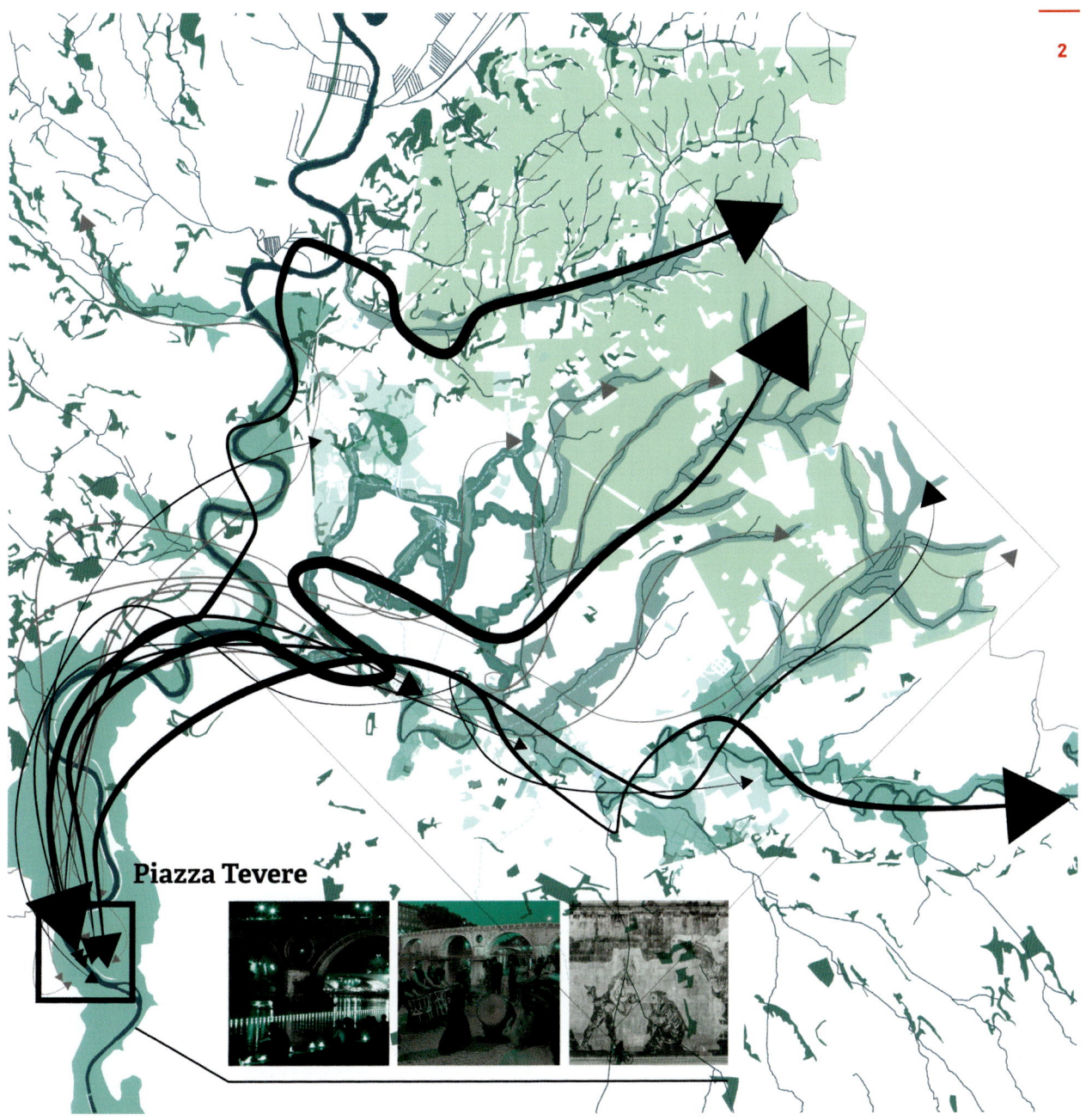

The Tiber was once representative of the richness and vitality of Rome as a communication route and supportive economic infrastructure and was also its symbol and original myth. Cut off from the city when the Sabaudi enbankments were built, its urban stretch lost the uses and shared values that had enlivened it for millennia. Today, Romans hardly recognise it as a public space of the city. Reduced to hydraulic infrastructure, it can be considered an abandoned neighborhood in the heart of Rome — a phantasmal presence, which is often not even visible from the city due to its spatial proportions and to the unique asymmetrical pruning of the sycamores along the Tiber waterfront. The Tiber in Rome, however, could be the structural and qualifying component of a system of public spaces, from the more naturalistic features of the Aniene, the floodplains, and the ditches up and downstream of the historic centre, to the more mineral and urban spaces of the stretch regulated and hardened by the Sabaudi enbankments. The backbone, that is, of a more extensive framework of blue and green infrastructure branching out through the whole city. This role was explicitly recognized by the Urban Development Plan in force, through the report and choices laid out in the Tiber Strategic Plan[1] and in the Urban Ecological Network, but also by several projects of the Municipality of Rome also concerning its banks[2]. Over the past decades, there have been many proposals, competitions, and projects involving the Tiber in Rome, including the "Rome 20-25" Workshop in the Quadrants crossed by the river.

Instances of actual fulfilment, however, are few and fragmentary and the ability to actively manage the public space of the river is even less tangible and effective. In fact, the state in which the Tiber finds itself today clearly shows how weak and ignored its role is in the urban and suburban territory. The only stories reported in newspapers are those of marginalization and growing violence along its banks or of the city's inability to absorb its strength and natural excursion, which is accentuated by climate change. Calls for policies, government, and urgent intervention are usually only converted into actions of an emergency nature. There is clearly an absence of a vision of public city of suited to the contemporary nature of the demands and players, which cannot merely be entrusted to the admittedly important technical monitoring [environmental, hydraulic and engineering] or to the Basin Authority's PS5 — a limited single overall plan for the river system, poorly integrated with other levels of planning. The plethora of overlapping and sometimes conflicting players and skills regarding the Tiber, the lack of coordination among these subjects but also between the local communities and associations which deal with the Tiber in various ways, and the lack of offices for this purpose at the various levels of administration make the governance of the river very complex. It is cultural more than managerial marginalization, which produces adverse effects, including a lack of transparency regarding the granting of private use of this large state-owned resource.

A series of social and cultural players have become active within this contradictory framework that drifts between project fertility and management complexity. Each one is very different from the others and is highly motivated, capable of soliciting contemporary shared use and values around this common resource. Collective use of the Tiber docks in the historic centre would ensure they benefit from cleaning, better access, safer places, freedom from water pollution, and also from a dense and continuative programme of cultural activities in synergy with proposals shared with the institutions. In this way, sporting, recreational, cultural and artistic initiatives have arisen, supported by different communities, such as communities of cyclists for the rediscovery of sustainable transport in the city, communities dedicated to urban renewal, those of an environmental nature, those safeguarding neighbourhood identity values, and cultural communities. These initiatives put the spotlight back on unused parts of the city and can enjoy greater freedom and incisiveness in prefiguring future scenarios.

The non-profit association TEVERETERNO fits into this context. It has been working since 2004 on the development of the Tiber in Rome as a large public space, today rejected and underused, starting from the stretch between Ponte Sisto and Ponte Mazzini, which has been called by the association "Piazza Tevere". TEVERETERNO[3] is working across the board so that the city can take back this extraordinary place. It recognizes the central nature of three main activity areas: large artistic events [*Art*], cultural activities and events to revitalize and redevelop the public space [*Space*], and activities for awareness and cultural, social and environmental involvement [*Society*].

Site-specific events are predominant in the first area [*Art*], representing the highest peaks of the association's artistic and promotion of its own image at an international level. Over the years, events have been organized in Piazza Tevere with artists from all over the world and have brought thousands of Romans and tourists in contact with the river. The most resounding was William Kentridge's large 500-metre work "Triumphs and Laments" in 2016. The inaugural event in 2005, "Solstizio d'estate", by the artist and founder Kristin Jones, was followed by "Ombre dal lupercale" with Kiki Smith and Walter Branchi; "Jenny Holzer: for the Academy"; "Flussi correnti" with David Monacchi and Steve Reich; "Trilogy: the She Wolf as Shape of Time"; "Chance Encounter" by Robert Hammond; and "Waterfire" by Barnaby Evans. All events are ephemeral and only change the space temporarily, providing renewed narratives about the same place and helping us to see it through different eyes each time.

Activities relating to the *Space* are the main connective tissue in the relationship between the association and the city for the construction of the public river space from a neighbourhood and urban scale to a larger national and international audience. This area includes performances and cultural events, architecture and other art competitions, festivals and themed conventions, and research. Important annual events, such as the TEVERETERNO event for Open House Roma, which is much anticipated and favoured by citizens, contribute to reinforcing the use of the river space.

The third area [*Society*] consists of relational and communicative activities that aim to build networks with other associations, universities, and schools to converge objectives regarding the reclamation of the public river space. These include forms of web communication, events of a cultural and environmental nature, the creation and management of apps to encourage the continuative use of the space and creativity, publishing activities, and advanced training.

Thanks to these activities, Piazza Tevere has entered the collective imagination of the Romans as a recognized place name used by citizens and administrators, who are taking a fresh look at the Tiber. Today we can meet below Kentridge's work — with its narration of the plurimillennial history of Rome portrayed on the walls through simple power washing — and stroll along to admire it, enjoying a break from the city noise and frenzy in an extraordinary natural-artificial environment. The objectives pursued by the association for years have been consolidated — recognition that the public river space is worthy of redevelopment and awareness that contemporary art can be a catalyst for urban regeneration.

Continuous use of the space along the river and strengthened between the opposite sides of the river connections are the common features of a redevelopment strategy that could become concrete both with discrete, low-cost and self-funded works and with more substantial projects, making use of public funding, to enhance the environmental and historical-cultural quality of this unique common good. Regaining a narrative, evocative and experiential dimension can bring about a different perception and use of the public space, thanks to the activation capacity of the citizens who animate this space as protagonists of its vitality.

---

1. Cf. Urban Development Plan for Rome Capital (approved in 2008), Structural Projects, "I4. Tiber Strategic Plan Area", directors of research Prof. Arch. C. Gasparrini and Prof. Arch. M. Manieri Elia.
2. Cf. Rome Capital, Department no.6 Historic Centre Office, Project Manager Arch. G. Farina, "Trasversale Gianicolo-Moretta" (preliminary project approved in 2008) and "Trasversale Aventino" (first phase of the project carried out). Planning group: Prof. Arch. C. Gasparrini and Prof. Arch. M. Manieri Elia (Directors of Research); Arch. F. Mossa, Arch. P. Pineschi, and Arch. P. Pulcini.
3. www.tevereterno.org

1. Tevereterno Onlus, "She Wolves" di Kristin Jones. Piazza Tevere, Roma 2005. Foto di Mimmo Capone.

2. Le reti della rigenerazione tra Piazza Tevere e il Quadrante 13, Roma. Elaborazione di Daniele Caruso.

3. Tevereterno Onlus e Accademia Americana a Roma, "For the Academy" di Jenny Holzer. Piazza Tevere, Roma 2007. Foto di Attilio Maranzano.

1. Tevereterno Onlus, "She Wolves" by Kristin Jones. Piazza Tevere, Rome 2005. Photo by Mimmo Capone.

2. The networks of regeneration between Piazza Tevere and Quadrant 13, Rome. Graphic by Daniele Caruso.

3. Tevereterno Onlus and American Academy in Rome, "For the Academy" by Jenny Holzer. Piazza Tevere, Rome 2007. Photo by Attilio Maranzano.

4. Tevereterno Onlus per Open House Roma, "Kermesse delle percussioni a Piazza Tevere", a cura di V. Sassanelli e I. Binet. Roma 2015. Foto di Andrea Geyer.

4. Tevereterno Onlus for Open House Roma, "Drumming Kermesse at Piazza Tevere", curated by V. Sassanelli and I. Binet. Rome 2015. Photo by Andrea Geyer.

5. Tevereterno Onlus per Open House Roma, "Arte contemporanea per la rigenerazione urbana", a cura di Valeria Sassanelli. Piazza Tevere, Roma 2014. Foto di Luca Marcotullio

5. Tevereterno Onlus for Open House Roma, "Contemporary Art for Urban Regeneration", curated by Valeria Sassanelli. Piazza Tevere, Rome 2014. Photo by Luca Marcotullio

6. Tevereterno Onlus, "Ombre dal Lupercale" a cura di K. Jones. ["Flumen" di Roberto Laneri]. Piazza Tevere, Roma 2006. Foto di T. Charles Erickson.

7. 8. Tevereterno Onlus, "Triumphs and Laments" di William Kentridge, direttore artistico K. Jones. Piazza Tevere, Roma 2016, lavori in corso. Foto di Sebastiano Luciano.

9. Tevereterno Onlus, "Triumphs and Laments" di William Kentridge, direttore artistico K. Jones. Piazza Tevere, Roma 2016, evento inaugurale. Foto di Marcello Leotta.

6. Tevereterno Onlus, "Shadows from the Realm of the Wolves", curated by K. Jones. ["Flumen" by Roberto Laneri]. Piazza Tevere, Rome 2006. Photo by T. Charles Erickson

7. 8. Tevereterno Onlus, "Triumphs and Laments" by William Kentridge, artistic direction by K. Jones. Piazza Tevere, Rome 2016, work in progress. Photo by Sebastiano Luciano.

9. Tevereterno Onlus, "Triumphs and Laments" by William Kentridge, artistic direction by K. Jones. Piazza Tevere, Rome 2016, inaugural event. Photo by Marcello Leotta.

1. Mosaico delle 24 Visions, International Workshop Roma 2025, MUSEO DELLE ARTI DEL XXI SECOLO, Fondazione Maxxi, Roma, 2015. Foto di Maurizio Alecci

1. Mosaic of the 24 Visions, International Workshop Rome 2025, MUSEUM OF 21ST CENTURY ARTS, Maxxi Foundation, Rome, 2015. Photo by Maurizio Alecci

Roma 2025, new life cycles for the metropolis. A conclusion

di/by Giovanni Caudo[1]

Non si può non dire grazie a tutti i circa 500 tra coordinatori, docenti e studenti che hanno dato corpo ai 25 gruppi di lavoro di altrettante università. Grazie a tutti i compagni di viaggio assieme ai quali abbiamo pensato, avviato e attuato quella che, grazie alla passione che ognuno ci ha messo, è stata un'esperienza culturalmente densa e intensa[2].
Grazie a Roma, città mirabile. Al suo fascino, al suo profondo mistero, alle sue tante ambiguità, alle sue altrettante contraddizioni, alla sua forza millenaria e alla sua fragilità quotidiana. Alla Roma delle borgate, a quella dei monumenti e a quella della natura che si fa monumento. A Roma grande formato, diventata metropoli senza essere mai stata città. Grazie alla bellezza di Roma e alla sua cangiante bruttezza.
Roma è il nostro mondo, e il mondo è Roma. Studiare Roma è un esercizio del pensiero, dello sguardo e del camminare. In ogni quadrato della griglia è stato cercato e individuato cosa c'è che guarda al futuro e cosa tra ciò che ha radici profonde nella storia può anche traguardare il futuro.

La Roma del 2025 con la mostra allestita al MAXXI emerge con tutta la sua evidenza. La composizione della griglia in volumi, uno per ogni gruppo di lavoro, consente di immergersi nei rumori, nei suoni, negli orizzonti e nelle rappresentazioni, tante e differenti della Roma diventata città territorio.
La griglia posta a base della ricerca è un dispositivo razionale. Il suo punto di origine sul Palatino è un omaggio a un luogo della memoria, genitore di una vicenda lunga quanto complessa. Lì, tra stratificazioni, misteri e vigne si può conoscere l'origine della città. Roma è tutta racchiusa in un luogo, ma la griglia che lì ha origine proietta il territorio abitato di Roma verso una dimensione territoriale della città. Un'estensione delirante, Roma è andata oltre la "lira" e si estende ora su un territorio di almeno 50 chilometri per 50 chilometri, 2500 chilometri quadrati, quasi il doppio del territorio di Roma [1.290 kmq]. C'è una Roma grande quanto quella amministrativa che però vive fuori da questa.
Roma c'è anche quando l'amministrazione non c'è, anche quando la politica si dilegua, o quando si sconfigge da sola e si suicida come è successo in questo caso. Roma c'è, continua a essere "polis", città del "genos", e "civitas", città della legge e del conflitto, perché la città è anche "polemos". Questo lavoro è un dono che lasciamo alla Roma millenaria.
La realtà, ancora di più quando sa farsi cultura, agisce nel tempo e nello spazio e non ha bisogno d'interlocutori e d'intermediari. Il lascito è composito: abbiamo i documenti di viaggio, un viaggio di molti mesi, abbiamo il diario di bordo e le tracce sui social,

abbiamo testi e immagini ricomposte in forme omogenee e confrontabili e abbiamo lo spazio della mostra con le sue rappresentazioni e rimandi. Tanta roba, tante storie, tante narrazioni differenti e non univoche. Nulla è sequenziale, non può più esserlo, nulla si trova dove si pensa e molto si trova dove forse non lo si cercherebbe. La città è diventata una questione di osservatori, di saper osservare.
In un contesto urbano tutto costruito e abitato l'urbanistica e l'architettura sono discipline insufficienti, è come disporre solo di due coordinate per descrivere il mondo a più dimensioni. D'altronde questa irriducibilità al semplice, al duale, che c'è anche nel dialogo tra Antigone e Creonte, porta come si sa alla tragedia, alla parola che uccide. Per questo è necessario andare oltre la dualità del "genos" e della legge e, come fa il coro in Antigone, bisogna imparare a saper sentire i desideri delle persone, degli abitanti, renderli protagonisti, ma non con la partecipazione, quella è una mistificazione. E' rinunciando al progetto della totalità che si può dare spazio a quella fessura, a quella feritoia, dalla quale può passare l'altro, chi osserva e abita il mondo e abitandolo lo completa. Affiora così una natura propria, specifica e autonoma della città, essa vive e si trasforma anche quando noi non agiamo. Trasformare la città, progettarne la trasformazione è sentire questa natura, questa tensione in atto e la propensione al cambiamento, è governare la natura della città. Progettare la trasformazione urbana è fare in modo che l'energia propria della città, che altrimenti si dissiperebbe, possa essere incanalata in un progetto intenzionale che si giustifica in virtù

di un interesse generale preminente ed evidente. Riuso, riciclo e tutti gli altri prefissi "ri" che solitamente si mettono in campo hanno un significato di tipo iterativo, qualcosa che ritorna, che si ripete come per altro è nel caso del verbo abitare che ha origine nel frequentativo latino "habeo". La Roma del 2025 nasce come frequentazione di ciò che già esiste, è un ri-cominciamento. Il prefisso "ri" però non è solo un tornare a una fase interiore è anche, soprattutto in questo caso, un andare più a fondo, un cercare con maggiore intensità e, quindi, un far emergere.

In ogni caso l'attività di progettazione si applica alle cose con le quali noi abbiamo riempito il mondo e che ora ci circondano e ci condizionano, le "cose" non sono oggetti, sono ciò che ha causa in noi e che parlano di noi anche quando noi non ci siamo più. Il prefisso "ri" per un verso, che ha il significato di un'iterazione, di una ripetizione esercitata con maggiore intensità, e le "cose", per un altro, ci spingono a pensare il progetto non più nella logica proiettiva della prospettiva e dell'unico punto di vista, quello dell'occhio umano che tutto vede. Si può pensare a un progetto che pone lo sguardo più in basso, sui problemi che ci stanno davanti, sapendoli riconoscere, affrontare e risolvere. Il progetto è "probellus", ciò che mi si getta dinanzi. E adesso? Il lavoro si è interrotto prematuramente, come l'esperienza amministrativa. Si apre ora una fase nuova del lavoro, sarà diversa da come l'avevamo pensata perché non sarà più un lavoro condotto dentro l'amministrazione comunale. Il lavoro va ora orientato diversamente a partire da alcune linee di forza, da alcune chiavi di azione, da alcune priorità che metteremo in qualche modo a disposizione della città. Da "Roma 2025, nuovi cicli di vita della metropoli" emerge una città di paesaggi, ma viene anche fuori una città che sa esercitarsi nell'arte di reinventarsi e nella rieducazione alla speranza. Una città che non pensa solo a ciò che è stata, ma coltiva ciò che può essere cominciando da quello che c'è.

Grazie ancora a tutti per averci dato questi sguardi esterni che aiutano la pratica di dare forma alle "cose" nel paesaggio della città territorio che è Roma, oggi.

1. Il testo qui riportato è in gran parte quello che è stato preparato e utilizzato in occasione dell'inaugurazione della Mostra al MAXXI il 19 dicembre del 2015.
2. ROMA 20-25 ha coinvolto 25 Università, 12 italiane e 13 internazionali, per produrre letture, visioni e progetti per la Roma metropolitana, con un orizzonte al 2025, anno del prossimo Giubileo ordinario. L'idea nasce in occasione del riallestimento della storica mostra "Roma Interrotta", entrata nella collezione del MAXXI Architettura, e prende in considerazione l'estesa area metropolitana di Roma, in questo caso ripartita secondo una griglia ideale, il cui centro è la pianta rettangolare del Palatino. I 25 tasselli così individuati saranno oggetto dell'analisi e della ricerca dei laboratori universitari invitati a indagare l'odierna realtà urbana e a immaginare le trasformazioni e i potenziali sviluppi futuri. ROMA 20-25 si è avvalsa di un Comitato Scientifico di cui hanno fatto parte Giovanni Caudo, Assessore alla Trasformazione Urbana di Roma Capitale, Pippo Ciorra, Senior Curator MAXXI Architettura, Vittoria Crisostomi, Direttore Pianificazione Generale del Dipartimento Programmazione e Attuazione Urbanistica, Roma Capitale, Cesare Ferrero, Country Manager, BNP Paribas Real Estate, Francesco Garofalo Università G. D'Annunzio di Chieti-Pescara, Margherita Guccione Direttore MAXXI Architettura e Piero Ostilio Rossi, Professore Università la Sapienza di Roma.

I mustn't fail to thank each of the 500 or so people, including coordinators, teachers, and students, who made up the 25 work groups of the 25 universities. Thank you to all the travel companions with whom we conceived, launched and implemented what was, thanks to the passion that each put into it, a culturally rich and intense experience[1]. Thank you to the amazing city of Rome, for its charm, profound mystery, many ambiguities, many contradictions, millennial strength, and everyday fragility. Thank you to the Rome of suburbs, to the Rome of monuments and to the Rome of nature that becomes a monument. To large-format Rome, which became a metropolis without ever being a city.

Thank you to the beauty of Rome and to its iridescent ugliness.

Rome is our world and the world is Rome. Studying Rome is an exercise in thinking, looking and walking. In each quadrant of the grid, we sought and identified what things are looking towards the future and what else, among what is deeply rooted in history, could also glimpse the future.

A clear image of Rome in 2025 has emerged in the exhibition set up at the MAXXI. The composition of the grid in volumes, one for each work group, allows us to immerse ourselves in the many different sounds, developments, and portrayals of a Rome that has become a city territory.

The grid is a rational device as a basis for research. Its origin point on the Palatine Hill pays tribute to a place of memory — the parent of a long and complex sequence of events. There, among layers, mysteries, and siege engines, we can learn about the origin of the city. Rome is entirely enclosed within a place, but the grid that originates there projects the inhabited territory of Rome towards a territorial dimension of the city. A crazy expanse, Rome has gone beyond the "lira" and now stretches over a territory of at least 50 kilometers by 50 kilometers; 2500 square kilometres — almost double the territory of Rome (1290 km^2). There is a Rome the size of administrative Rome which, however, lives outside of it.

Rome is there even when there is no administration — even when politics have vanished, or when it defeats itself and commits suicide, as has occurred in this case. Rome is there and it continues to be *"polis"*, city of the *"genos"*, and *"civitas"*, city of the law and of conflict, because the city is also *"polemos"*. This work is our gift to millennial Rome.

Realty, especially when it can make culture, acts over time and space and doesn't need spokespeople and intermediaries. The bequest is composite: we have the travel documents, a journey of many months, we have the log book and the traces on social networks, we have text and images recreated in consistent and comparable forms, and we have the exhibition space with its representations and cross-references. A lot of stuff — many stories, and many different and not unambiguous narratives. Nothing is sequential; it no longer can be. Nothing is found where we think and much is found where perhaps we would not think to look for it. The city has become a question of observers and of knowing how to observe.

In a completely built and inhabited urban setting, urban planning and architecture are insufficient disciplines. It's like having only two coordinates to describe the multi-dimensional world. After all, this inability to reduce to the simple, to the dual, which can also be seen in the dialogue between Antigone and Creon, leads, as we know, to tragedy and to the word that kills. That's why we need to go beyond the duality of the *"genos"* and of the law and, as the chorus goes in Antigone, we need to learn to be able to hear the desires of the people — the inhabitants — making them protagonists, but not with participation. That is falsification. It is forgoing the design of the totality so as to give room to that crack, to that opening, through which the other can pass — he who observes and inhabits the world and, by inhabiting, completes it.

Thus, the city's own specific and autonomous nature emerges. It lives and is transformed even when we do not act. To transform the city and to plan its transformation is to feel this nature and this tension and the inclination to change. It is to govern the nature of the city. Planning urban transformation is ensuring that the city's own energy, which would otherwise be dispersed, can be channelled into an intentional project justified by virtue of a preeminent and obvious public interest. Reuse, recycling and all the other "re" prefixes that are usually employed have an iterative meaning, something that returns or repeats, as in the case of the verb "to inhabit", which originates from the frequentative Latin verb *"habeo"*. The Rome of 2025 arises as an occupation of what already exists. It is a re-commencement. The "re" prefix, however, is not just about returning to an earlier phase. It is also, particularly in this case, a matter of going deeper, seeking with greater intensity and, thus, allowing something to emerge. In any case, the planning activity is applied to the things with which we have filled the world, which now surround us and influence us. The "things" are not objects — they are what we bring about and they talk about us even when we are no longer there. The "re" prefix on the one hand, whose meaning is an iteration, a repetition carried out with greater intensity, and the "things" on the other, drive us to think about planning no longer from the projective logic of perspective and of the single point of view — that of the human eye that sees everything. We can think about a project that looks further down, at the problems in front of us, and knows how to recognize, address, and solve them. Planning is *"probellus"* — that which is thrown before me.

And now?

The work was interrupted prematurely, as was the administrative experience. A new phase of work is now opening. It will be different from what we thought because it will no longer be work carried out within the municipal administration. The work should now be oriented differently, starting from several field lines, several key actions, and several priorities that we will somehow make available to the city. Emerging from "Rome 2025, New Life Cycles for the Metropolis" is a city of landscapes, but also a city that can practice the art of reinventing itself, re-educating to hope. It is a city that not only thinks about what has been but cultivates what could be, starting from what already exists.

Thank you again to everyone for giving us these external views that are helping to shape the "things" in the landscape of the city territory of present-day Rome.

1. This text is largely taken for the text drawn up and used for the inauguration of the Exhibition at the MAXXI on 19th December 2015.

2. ROME 20-25 engaged 25 universities — including 12 Italian and 13 international ones — to produce interpretations, visions, and projects for metropolitan Rome, with a deadline in 2025, the year of the next ordinary Jubilee. The idea arose during the restaging of the historic exhibition "Rome Interrupted", which has entered the MAXXI Architettura collection, and considers the extensive metropolitan area of Rome, subdivided in this case by an ideal grid, whose centre is the rectangular map of Palatine Hill. The 25 tiles thus identified were the subject of analysis and research by the university workshops invited to investigate today's urban reality and to envisage its transformations and potential future developments. ROME 20-25 took advantage of a Scientific Committee that saw the participation of Giovanni Caudo, Council Member for the Urban Transformation of Rome Capital, Pippo Ciorra, Senior Curator MAXXI Architettura, Vittoria Crisostomi, General Planning Director of the Programming and Urban Implementation Department, Rome Capital, Cesare Ferrero, Country Manager, BNP Paribas Real Estate, Francesco Garofalo, G. D'Annunzio University of Chieti-Pescara, Margherita Guccione, Director of MAXXI Architettura and Piero Ostilio Rossi, Professor at the Sapienza University of Rome.

Pubblicato da/Published by
LISt Lab
info@listlab.eu
listlab.eu

Autori/Authors
Carlo Gasparrini
Anna Terracciano

Direttore Editoriale/Editorial Director
Alessandro Franceschini

Assistente Editoriale/Editorial Assistant
Gioia Marana

Art Director & Graphic Design
Blacklist Creative Partners, Barcelona
blacklist-creative.com

ISBN 9788899854270
Stampato e rilegato in Unione Europea, 2017

Tutti i diritti riservati/All rights reserved
© dell'edizione LISt Lab/of LISt Lab edition
© dei testi gli autori/of the author's texts
© delle immagini gli autori/of the author's images

Promozione e distribuzione in Italia
Promotion and distribution in Italy
Messaggerie Libri, Spa, Milano,
Numero verde 800.804.900
assistenza.ordini@meli.it

Promozione e distribuzione internazionale
International Promotion and Distribution
ACC Publishing Group
Suffolk, IP12 4SD, UK
Tel: +44 (0) 1394 389950
uksales@accpublishinggroup.com

Comitato Scientifico delle edizioni List
The Scientific Committee of the issues List
Eve Blau (Harvard GSD), Maurizio Carta (Università di Palermo), Alfredo Ramirez (Architectural Association London) Alberto Clementi (Università di Chieti), Alberto Cecchetto (Università di Venezia), Stefano De Martino (Università di Innsbruck), Corrado Diamantini (Università di Trento), Antonio De Rossi (Università di Torino), Franco Farinelli (Università di Bologna), Carlo Gasparrini (Università di Napoli), Manuel Gausa (Università di Genova), Giovanni Maciocco (Università di Sassari/Alghero), Antonio Paris (Università di Roma), Mosè Ricci (Università di Trento), Roger Riewe (Università di Graz), Pino Scaglione (Università di Trento).

LISt Lab è un Laboratorio editoriale, con sedi in Europa, che lavora intorno ai temi della contemporaneità. LISt Lab ricerca, propone, elabora, promuove, produce, LISt Lab mette in rete e non solo pubblica.

LISt Lab is an editorial workshop, based in Europe, that works on contemporary issues. LISt Lab not only publishes, but also researches, proposes, promotes, produces, creates networks.